全国高考语文现代文阅读

"热点作家"
经典作品精选集

试卷上的作家

阳光心房

王兆胜／著

张国龙／主编

延伸阅读　备战高考
适合考生做语文阅读的散文集
走进语文之美，领略阅读精髓

高中版

丰富的阅读素材
从童年往事到世间百态
从青葱校园到异域风光
开拓视野，看见世界，提升写作能力和人文素养

四川文艺出版社

图书在版编目（CIP）数据

阳光心房 / 王兆胜著. -- 成都：四川文艺出版社，
2023.7
（试卷上的作家）
ISBN 978-7-5411-6721-8

Ⅰ.①阳… Ⅱ.①王… Ⅲ.①阅读课—中学—教学参
考资料 Ⅳ.①G634.333

中国国家版本馆CIP数据核字（2023）第124040号

YANGGUANG XINFANG

阳光心房

王兆胜　著

出 品 人	谭清洁
责任编辑	邓　敏
封面设计	宋双成
内文设计	宋双成
责任校对	段　敏

出版发行　四川文艺出版社（成都市锦江区三色路238号）
网　　址　www.scwys.com
电　　话　028-86361802（发行部）　028-86361781（编辑部）

排　　版　北京书香文雅图书文化有限公司
印　　刷　三河市兴国印务有限公司
成品尺寸　165mm×235mm　　　开　本　16开
印　　张　14　　　　　　　　　字　数　170千
版　　次　2023年7月第一版　　印　次　2023年7月第一次印刷
书　　号　ISBN 978-7-5411-6721-8
定　　价　39.80元

总 序

情感和思想的写真

张国龙

　　和小说、诗歌等相比，散文与大众更为亲近。大多数人一生中或多或少会运用到散文，诸如，写作文、写信、写留言条等。和小说相比，散文大多篇幅不长，不需占用太多的读写时间；和诗歌相比，散文更为通俗易懂。一句话，散文具有草根性和平民性气质。

　　在中小学语文课本中，散文篇目体量最大。换句话说，散文是中小学语文教学不可或缺的资源。中学生所学的语文课文大多是散文；小学生初学写作文，散文便是最早的试验田。从某种意义上说，中小学作文教学就是散文教学，主要涉及记叙性散文、抒情性散文和议论性散文。在中考、高考等各类考试中，作文的写作离不开这三类散文，甚至明确规定不可以写成诗歌。可见，散文这一文体在阅读和写作中占据了举足轻重的地位。

　　然而，散文作为一种"回忆性"文体，作者需要丰富的生活经历和厚重的人生体验。散文佳作，自然离不开情感的真挚性和思想的震撼性。因此，书写少年儿童生活和展现少年儿童心灵世界的散文，无外乎两类：一是成年作家回望童年和少年时光；二是少年儿童书写成长中的自己。这两类散文可统称为"少年儿童本位散文"。显而易见，前者数量更大，作品质量更高。事实上，还有相当一部分散文作品，虽然并非以少年儿童为本位，却能被少年儿童理解、接受，能够滋养少年儿童的心灵。

这套丛书遴选了众多散文名家，每人一部作品集。这些作家作品可以分作两类。一类是主要从事儿童文学创作的作家，基于少年儿童本位创作的散文，比如吴然的《白水台看云》、安武林的《安徒生的孤独》、林彦的《星星还在北方》、张国龙的《一里路需要走多久》。另一类是主要创作大众文学的作家，虽不是专为少年儿童创作，却能被少年儿童接受的散文，比如，刘心武的《起点之美》、韩小蕙的《目标始终如一》、刘庆邦的《端灯》、曹旭的《有温度的生活》、王兆胜的《阳光心房》、杨海蒂的《杂花生树》、乔叶的《鲜花课》、林夕的《从身边最近的地方寻找快乐》、辛茜的《鸟儿细语》、张丽钧的《心壤之上，万亩花开》、安宁的《一只蚂蚁爬过春天》、朱鸿的《高考作文的命题与散文写作》、梅洁的《楼兰的忧郁》、裘山山的《相亲相爱的水》、叶倾城的《用三十年等我自己长大》、简默的《指尖花田》、尹传红的《由雪引发的科学实验》。一方面，这些作家的作品皆适合少年儿童阅读；另一方面，这些作家的某些篇章曾出现在中小学生的语文试卷上。因此，可以称他们为"试卷上的作家"。

通观上述作家的散文集，无论是否以少年儿童为本位，都着力观照内心世界，抒发主体情思，崇尚真实、自由、率性的表达。

这些散文集涉及的题材多种多样，大致可分为如下三类：

其一，日常生活类。"叙事型"和"写景状物型"散文即是。铺写"我"的童年、少年生活中真实的人、事、情、景。以记叙为主，抒情与议论点染其间。比如，刘庆邦的《十五岁的少年向往百草园》

以温润的笔触，描摹了"我"在十五岁那年拜谒鲁迅故居的点点滴滴，展现了一个乡村少年对大文豪鲁迅先生的渴慕与敬仰。安武林的《黑豆里的母亲》用简约的文字，勾勒出母亲一生的困苦、卑微和坚忍，字里行间点染着悲悯与痛惜。

其二，情感类。通常所说的"抒情型"散文属此范畴，即由现实生活中的人、事、情、景引发的喜、怒、哀、乐等。以渲染"我"的主体情思为重心，人、事、情、景等是点燃内心真情实感的导火索。比如，梅洁的《童年旧事》饱蘸深情，铺叙了童年的"我"和同班同学阿三彼此的关心。一别数十载，重逢时已物人两非。曾经有着明亮单眼皮眼睛的阿三，已被岁月淘洗成"一个沉静而冷凝的男子汉"。"我"不由得轻喟"成年的阿三不属于我的感情"。辛茜的《花生米》娓娓叙说了父亲为了让"我"能吃到珍贵的花生米，带"我"去朋友家做客，并让"我"独自留宿。一夜小别，父女似久别重逢。得知那家的阿姨并没有给"我"炸花生米吃，父亲欲说还休。多年之后的"我"，回忆起这件事仍旧如鲠在喉。

其三，性情类。"独白型"散文即是。心灵世界辽阔无边，充满了芜杂的景观。事实上，我们往往只能抵达心灵九重天的一隅。在心灵的迷宫中，有多少隐秘、幽微的意识浪花被我们忽略？外部世界再大也总会有边际，心灵世界之大却无法准确找到疆界，如同深邃莫测的时光隧道。每天一睁眼，意识就开始流动、发散，我们是否能够把内心的律动细致入微地记录下来？这必定是高难度写作。如果我们追问个体生命的具体存在状态，每一天的意识流动无疑就是我们存在的最好确证。比如，曹旭的《梦雨》惜字如金，将人的形象和物的意象有机相融，把女性和江南相连缀，物我同一。

尤其是把雨比喻成女孩，"第一次见面，你甚至不必下，我的池塘里已布满你透明的韵律"，空灵、曼妙，蕴藉了唐诗宋词的意味。乔叶的《我是一片瓦》由乡村习见的"瓦"浮想联翩，岁月倥偬，"瓦"已凝结成意象，沉入"我"的血脉，伴随我到天南海北。"瓦"是"我"写作的情结，更是另一个"我"。杨海蒂的《我去地坛，只为能与他相遇》，"我"因为喜欢史铁生的《我与地坛》而一次次去地坛，真真切切地感受史铁生的轮椅和笔触曾触摸过的一草一木。字里行间，漫溢出一个人对另一个人的体恤与爱怜、一位作家对另一位作家的仰望与珍视。或者说，一个作家文字里流淌的真性情，激活了另一个作家的率性和坦荡。

不管是铺写日常生活、表达真挚情感，还是展现率真性情，上述作品大体具有如下审美特征：

其一，真实性。从艺术表现的特质看，散文是最具"个人性"的文体，一切从自我出发。或者说，散文就是写作者的"自叙传"和"内心独白"。这就决定了散文的内容，其人、事、情、景等皆具有真实性，甚至可以一一还原。当然，真实性在散文中呈现的状态是开放、多元的，与虚假、虚构相对抗，尤其体现在表象的真实和心理的真实。不管是客观、物化的真实，还是主观、抽象的心理真实，只要是因"我"的情感涌动而吟唱出的"心底的歌"，就无碍于散文的"真"。散文的真实，大多体现为客观的真实，即"我"亲历（耳闻目睹），"我"所叙述的"场景"实实在在发生过，甚至可以找到见证人。对事件的讲述甚至具有纪实性，与事件相关的人甚至可以与"我"生活中的某人对号入座。叙写的逻辑顺序为："我"看见＋"我"听见＋"我"想到，即"我"的所见、所闻和所感，且多采取"叙述＋抒情＋议论"的表现方式。比如，林彦的《夜别枫桥》，少年的"我"先是遭遇父母离异，而后因病休学，独自客居苏州。那座始终沉默无语的枫桥，见证了"我"在苏州的数百个日日夜夜。那些萍水相逢的过客，给予了"我"终生铭记的真情。

其二，美文性。少年儿童散文通常用美的文字，再现美的生活，营造美的意境，表现美好的人情、人性和人格，是真正的"美文"。比如，吴然的《樱花信》，语言叮当如环佩，景物描写美轮美奂，读来令人神清气爽，齿唇留香。"阳光是那样柔和亮丽，薄薄的，嫩嫩的，从花枝花簇间摇落下来，一晃一晃地偷看我给你写信……饱满的花瓣，那么嫩那么丰润，似乎那绯红的汁液就要滴下来了，滴在我的信笺上了。你尽可以想象此刻圆通山的美丽。空气是清澈的，在一缕淡淡的通明的浅红中，弥漫着花的芬芳……昆明人都来看樱花，都来拜访樱花了！谁要是错过了这个芬芳绚丽的节日，谁都会遗憾，都会觉得生活中缺少了一种情调、一种明亮与温馨……"安宁的《流浪的野草》，文字素面朝天、洗尽铅华，彰显了空灵、曼妙、清丽的情思。"燕麦在高高的坡上，像一株柔弱的树苗，站在风里，注视着我们的村庄。有时，她也会背转过身去，朝着远方眺望。我猜那里是她即将前往的地方。远方有什么呢，除了大片大片的田地，或者蜿蜒曲折的河流，我完全想象不出。"

其三，趣味性。少年儿童生活色彩斑斓，充满了童真、童趣。少年儿童散文不论是写人、记事，还是抒情、言志，皆注重生动活泼、趣味盎然。与此同时，人生中的诸多真谛自然而然地流淌于字里行间，从而使文章具有超越生活的理趣，既提升了文章的境界，又能陶冶阅读者的性情。比如，王兆胜的《名人的胡须》，用瀑布、白云、大扫帚、括弧、燕子等各种事物类比各个名人各具特色的胡须。稀松平常的胡须看似可有可无，却有着不同寻常的意义。古今中外名人与胡须的逸事，读来令人莞尔，幽默、风趣的笔调里蕴含着举重若轻的哲理。张丽钧的《兰花开了18朵》，"我"时常和蝴蝶兰说话，如母亲的斥责，似闺密的呢喃，像恋人的娇嗔，满满的人间情怀里渗透着天然的机趣。"我家这株蝴蝶兰，真真是个慢性子——一簇花，耗费了整整66天的时间，才算是开妥了。从2月24日到5月1日，总共开了18朵花，平均3.67天开一朵。我跟她说：'亲呀亲，你可是我拉扯大的呀，咋这脾性半点儿都不随我呢？这么慢条斯理地开，你是打算把全部春光都占尽了吗？'"

散文创作通常与作者的亲身经历密切相关，尤其注重展现真性情，因此散文抒写的往往是个人的心灵史和情感史。这些散文作品不单是中学生写作的范本，还是教导中学生为人处世的良师益友！

2022 年 10 月 18 日
于北京师范大学

序 言

让每个年轻人心灵花开

王兆胜

文学写作要有社会意义，是生命的觉醒与体悟，最好能触及精神和灵魂。当然，有灵心、童心、爱心，又抱定积极进取的人生观和价值观也至为重要。如此便像轻风吹动水面，能泛起阵阵涟漪；也似声波触及心弦，产生不断的震颤。美好的文学一定要有陶冶情操、钟毓性灵和精神洗礼之功。

我曾写过《尽善尽美》一文谈"我的批评观"。文中说道："归根结底，批评的指针最后是指向自己的，即你的境界、心性、品质和审美趣味直接决定评论的质地。换言之，批评的优劣高下往往不在于批评对象本身，而在于批评是否公正，是否有爱心、个性和智慧。一个缺乏德性的人，写出的评论必是功利、游移、平庸、暗淡，是死的；一个心有大光的人，他的评点一定光芒四射、摇曳生姿，是活的。""我们每个人都是不完美的，就像生活着的这个世界，但唯其如此，才将理想和希望放在完美上。人是如此，文学和文学批评也应该是如此。"基于此，多年来我在学术研究和散文创作上都坚持"尽善尽美"这样的文学观和价值观。

至今，我已出版近 20 部学术专著，发表学术论文 300 多篇，有散文随笔集《天地人心》《逍遥的境界》《负道抱器》《一生受用最是书》《情之一字》等。在写作过程中，我一直遵循"尽善尽美"的理念，以生命的全身心贯注为准则，力避"个我"的狭小天地，希望成为一种"有大光照临"的修炼与前行。

我的散文颇受读者喜爱，在社会上产生较大反响，转载率很高，有的入选高中课外教材，不少被中高考试题选用，成为中高考的热点。如《老村与老屋》（原载《黄河文学》2008 年第 7 期）一文选为 2011 年广西壮族自治区桂林市中考作文题目、2012 年普通高等学校招生全国统一考试模拟语言试题（江苏卷）、2012 年湖北省荆州市中考语文学科模拟试卷试题、2012 年河北省语文第一次模拟试卷选题，还成为全国近 20 所学校的各种语文试题。又如《诗化人生》（原载《科学时报》2000 年 2 月 3 日）一文入选苏教版高中语文必修——第一专题测试卷、七年级语文（长春版）上册、2005 年全国统一考试仿真卷"语文四"、《中学生阅读（高考版）》2007 年第 5 期。此文还被《散文（海外版）》2003 年第 2 期、《党政论坛（干部文摘）》2008 年第 7 期、《作文周刊》2011 年第 41 期、林非主编《百年中国经典散文哲理卷》《中国最美的哲理散文》、谭慧编《世界上最美的人生哲理书》等转载和选用。另如《与姐姐永别》（原载《海燕·都市美文》2004 年第 4 期）一文入选十几个重要选本，包括李晓虹主编《2004 年中国散文精选》、王剑冰主编《2004 年中国年度散文》和《散文选刊》2004 年第 9 期、彭程主编《书摘》2005 年第 6 期、甘以雯主编《冬天的情话》和《散文（海外版）》2004 年第 4 期、林非主编《永恒主题散文精品》、谢冕主编《悲喜人生》、张国龙主编《感动中国的 36 篇至情散文》、郭保林主编《中国散文最新读本》、孙绍振编《同步阅读文库·语文》（七年级）、古耜主编《21世纪散文排行榜》等。还有《都市灯光》（原载《海燕·都市美文》2003年第4期）一文成为2007年普通高考招生全国统一考试模拟试题。

这本《阳光心房》里的作品主要是新作，是近年写的富有童心情趣的散文，如《童年的草莓》是写童年家乡生活的，那里面有温煦和风般的美好记忆；《心灯》是写情深意长的，在其中可找到内心深处的永恒的感动；《面孔》是写世界人生的小人物的，其间除了无限的乐趣，还有天地大道存矣；《字的家族》是写日常见闻的，它们凝结于心又有意外怀想；《扇子的语言》是写心灵、精神与灵魂的超越性意向的，这是一束美妙甚至充满梦幻色彩的希望之光。

这是一本能照亮人的内心深处的散文集，希望它成为许多人特别是年轻人的阳光心房。

阳光是来自上天的神圣之物，它以无私精神照亮世界的每个人和每个角落。在难以达到时，它甚至通过玻璃、水面、心灵折射过去，比如照亮黑暗的角落与悲观的内心。

访　谈

"以心灵的大光照临一切"

——著名批评家、文学博士、散文家王兆胜先生访谈

杨献平

杨献平：兆胜博士，我读过您几乎所有的文学批评。其中，我觉得散文批评是分量和数量最大的，而且我认为，在当下的散文批评领域，您的批评是最全面和前沿的，既有宏观的统摄、分析与研究，又有局部和个体的分析与透视。这一点，我觉得非常难得，目前也是无人可及的。我想问：您对新时期以来的散文整体态势怎么看？新时期散文变革主要体现在哪些方面？

王兆胜：关于新时期中国散文变革，我以为主要变化在于：一是文体的解放和革命。虽然"五四"开始的新散文与古代散文文体相比是一次解放和革命，但仍是精致的小格局。20世纪80年代后期，散文文体脱胎换骨，进入完全解放和自由状态，余秋雨的"大文化散文"是典型例子。当散文放开"裹脚"，进入自由天地，其文体就获得难以估量的发展。二是散文语言取得重大突破。以往的散文语言从没像新时期这样丰富多彩、摇曳生姿，这可能与新媒体、新技术、世界文化一体化有关，也与作家的放手与解放有关，这就带来新时期以来中国散文语言的诗性、敏锐、直观和透力。三是散文观念之巨变。这可能与世界的巨大变动直接相关，而人们对于散文观念有不同理解，也导致散文的价值取舍和走向与前大不相同，这必然导致散文观念变新后散文创作出现新的样貌。

杨献平：我也读过您的不少散文佳作，像您这样既在学术批评领域成就斐然，又能写出很好散文作品的批评家可谓不多。我注意到，您的散文写作与您的散文态度（主张）始终是一致的，有您的散文集《天地人心》、文学批评集《温暖的锋芒——王兆胜学术自选集》等为证。但不少批评家言说他人作品头头是道，自己操刀写作则呈现一种与己理念相悖的现象。就您个人而言，您如何处理批评和写作的关系？或者说，您觉得学术批评对写作有怎样的助力与影响？

王兆胜：在我看来，批评与写作是两个不同的职业，但又都是文学这面旗帜下的"战士"，就好像围棋的"手谈"一样，黑白双方既是对手，也是更重要的朋友。基于此，我认为文学批评与文学写作是"和而不同"的：所谓"和"，就是抱着一个同情之理解看待对方，以"取人之长，补己之短"的方式向对方学习；所谓"不同"，即保持自己独特的价值取向和心灵追求，来认识、评价对方，这样才能显示独立、自由的精神。因此，我不希望我的批评没有写作基础，更不希望我的写作失去批评眼光，而是在二者间建起可以无限延展的广阔时空。

杨献平：您的《坚守与突围：新时期散文三十年》《超越与局限——论80年代以来中国的女性散文》《困惑与迷失——论当前

中国散文的文化选择》等散文批评是深得散文作家之心的，尤其是那种不偏不倚、公正温和的批评态度，令人钦佩。我从中感到，您的观察和了解是深入和细致的，这种学术的耐心也是当下多数批评家缺乏的。我想问，兆胜博士如何看待近年来的散文写作态势？

王兆胜：我的散文批评确实坚持尽量公正温和的立场和态度，因为我发自内心地希望能看到更多优秀作品。但由于各种原因，完全公正是很难的，也是不可能的，所以只能努力做到"尽量"。我对自己的要求是，对熟悉的作家不护短，对不熟悉的作家不避长。另外，用善心行事是我的座右铭。我还坚信有敬畏心的人生态度，更相信"人在做，天在看"这句中国古语。

杨献平：当下的日常生活日渐趋同，思维和情绪渐为一致，在普遍焦虑与物化的环境当中，写作上的雷同与复制现象愈加明显。特别是一些写作者，一旦获得较好的生存条件，就基本断绝了与大地乃至生活根底的联系。兆胜博士如何看待当下的散文写作？

王兆胜：你所说的现象确实存在。当写作者逐渐贵族化，当他们越来越不尊重、敬畏写作，当世俗功利使写作沦为工具，很难想象写作不会被污染和践踏。当下的散文写作最大的问题是技术至上，其神圣感被消解，很少有人用心写作，更不要说用生命书写。因此，我判断当下散文的一个重要标准不是所谓的叙述策略，而是生命的境界与品质。

杨献平：读您的散文批评，我觉得论述非常严整和明晰，其中最重要的三个关键词：一是真诚，二是自由，三是大情怀。这是构成散文品质的根本要素，也在您的散文中有着强烈的体现。我想问，散文的虚构行为几乎成了共识，但在真诚层面如何把握虚构与真实的关系？自由是散文的命脉所在，也是验证作家创造力，特别是思维广度和思想品质的要诀，您如何看待散文的自由，或者自由精神在散文写作当中的角色与"重量"？

王兆胜：由散文的"真实观"到散文的"虚构"是一个巨大的飞跃，今天的散文创作和研究再也不像以前那样从"实有其事"理解散文，因为"虚构"的散文未必不真实。不过，现在人们极易将"虚构"理解成"虚假"，有人甚至直言所有散文都是虚假的，这是一个重大误区。在我看来，散文的虚构可以不是"实有其事"，但情感和心灵世界必须真挚，否则就会走向随心所欲的"虚假"。散文自由更重要，它关涉散文的命脉。自由不仅表现在与政治、经济、思想、文化的辩证关系中，即"入而能出"，更表现在心灵的自由，一种心灵的自然、散淡、超然。其实，自由精神就如同在天宇的地球，它既有宇宙的限制，又有自身的沉重，更有自由的逍遥，一种"坐地日行八万里"的潇洒自由。

杨献平：就我个人观察，现在的文学写作也成为名副其实的名利场、利益和人情圈子，经济或者说由经济决定的人情已蔚为大观。在表面繁荣而过分"务实"的环境下，您认为写作者该如何做？或者说，在被不自觉裹挟与参与的氛围中，写作的意义何在？写作的勇气、真诚和自由的言说又如何能获得应有的位置与尊重？

王兆胜：今天的社会、文化语境是把双刃剑，一面是开放与解放，市场经济的浪潮无所不在，摧枯拉朽，为文学发展带来机遇；一面是功利主义甚嚣尘上，物欲横流和作家失德的现象极为普遍，导致文学水准的直线下滑，以至于文学成为工具和被践踏的对象。

不过，从文学和精神境界看，许多作家在浪费光阴与才情，因为离开文学性和精神性的书写无异于舍本求末、南辕北辙。当然，也有人甘于寂寞，以文学的精神从事写作，虽然所得不多甚至经济拮据，但他们用强大的心灵之光照亮世界和人生，意义是长久而巨大的。我认为，如果用文学挣钱，不如去经商；以做买卖的方式从事文学，多半是垃圾；从经济收入角度给作家排名极其荒唐可笑。

作家是一些特殊的人，他们心系民生，尤其能敏锐地感知底层人生的苦难，并以天地情怀对万物生灵，甚至对一草一木怀有悲悯同情。作家是人世间和天地间美好向往的代言人，他们以心灵之光照临一切，尤其是阳光照不到的地方。

杨献平：可否谈谈您最近的学术批评和文学创作方向？另外，您觉得个人的写作勇气源自哪里？您的文学批评是当今一流的，您如何看待文学批评滞后，乃至文学批评遭受怀疑的尴尬现象？再者，您认为理想的文学批评状态是什么？

王兆胜：最近，我写的批评文字和散文作品较少。除了工作繁忙外，一个很重要的原因就是不想写得太多，我更想慢慢体会这个世界和人生，就像秋阳将它灿烂的余晖轻柔地洒向大地一样。不过，我最近的学术批评和散文创作更多地投入社会和文化关爱，希望能思考中国文学和文化在世界发展中的价值和意义。

在我看来，写作一面是一种社会责任的担承；一面是心灵和精神的需要，这种勇气主要来自一种理想主义和天地情怀。当一个农民之子得到天地之气的滋养和哺育时，写作就有了无穷的勇气和力量，那是一股浩然正气的荡漾与喷涌，任何事情都不能阻止它。

理想的文学批评应是保持纯洁、自由和批判精神，同时又能得到文学家的理解和认同，在批评和创作之间建起互通有无、相得益彰的辩证关系。批评是有益于创作之事，创作也是批评的源泉，二者是互相依存、不可或缺的两个方面。

（原载《文学与人生》2012 年第 1 期，文章有删节）

书 评

喧嚣世界中的和谐澄明

——谈王兆胜的散文随笔

陈剑晖

一、天地人心的交感和谐

当代的散文似乎变得越来越浮躁和难以捉摸。在告别了"杨朔模式"之后，散文迎来了一个"乱花渐欲迷人眼"的局面。但当你认真检阅当前的散文写作，透过那些纷乱的表象和口号，你会发现时下的散文创作在总体上并不乐观：许多作者囿于个人的狭小天地，他们的写作或为发泄一己的欢乐和愤恨，或者通过文字的疯狂繁殖来制造话语的垃圾。而在那些称之为"文化散文"的写作中，贪"大"求"全"似乎已经成了一种趋势——许多散文架势十足，实际上观念陈腐，内容更是空洞无物。在这样喧嚣浮躁的写作氛围中，能够不为外界所惑，悠然自得、沉潜文字中的写作者便显得特别难能可贵。在我看来，王兆胜正是这样的一位散文写作者。他是一位林语堂研究专家（已出版 4 部林语堂研究专著），也是一位卓有成就的散文论理论家，同时又是一位优雅从容的散文作家。2006 年，他将几年间写作的散文随笔结集为《天地人心》出版。我以为《天地人心》的出版是当时散文界值得注意的一个新的写作趋向——它是对于将散文视为一种短、平、快的新兴话语工业的浮躁文风的反拨，是对于虚假矫情的煽情散文的心灵纠偏，同时它还提醒那些藐视传统、喜新厌旧的散文批评家和读者：散文无所谓新和旧，也没有高低大小之分。散文如果有旺健的精神、丰满的心灵、纯正的语言，就必定是好散文，必定能给读者带来精神的安宁和审美的愉悦。

　　我正是抱着这样的认知来品读王兆胜的《天地人心》。当然，首先吸引我的是这本散文集的素雅封面和"天地人心"四个字。按作者《自序》中的解释：取"天地人心"者，是"爱它的大气磅礴，爱它的高度概括力，也爱它的文化境界和人生品味"。的确如斯，天地人心，或者说宇宙、自然与人心的交感和谐，应该说是王兆胜所有散文写作的基点，也是他整个思考的核心。因为在王兆胜看来，"人都是天地自然的一分子，都不能无视天地自然的存在和先验限制"（《自序》）。因此，在强调"天地之道"的同时，他特别着意于"人心"的培育，并认为只有将"人心"安放进大自然中，人的"心灯"才能够清澈明亮，才能"处于悠然自得和怡然自乐的'大幸福'之中"（《自序》）。这样的见解，与钱穆关于心与宇宙的阐释颇为相近。钱穆认为，天地人间有"大生命"和"小生命"。宇宙自然是大生命，它包罗万象、广大悠久；而小生命乃人类个体的生命，它既微小，又短暂。因此，小生命唯有融进自然的大生命中，即心与神、物合而为一，这样才能达到"心之大解放"，才有"心之大安顿"，这也就是《中庸》所说的"大德敦化，小德川流"（钱穆《晚学盲言》）。正是王兆胜自觉且深刻地意识到散文要"为天地立心，为生民立命"（宋儒张载语），故而在科学主义盛行、人的欲望无限膨胀的今天，他的散文才显得可贵，才具有通达人心的力量。比如，在一些散文中，王兆胜坚定地反对科学主义至上，认为"现代科学主义文化离自然、离赤子之心越来越远，逐渐受到异化和遮蔽。表面上看，它透视了自然的精微，也似乎控制了自然，然而这是一种类似盲人摸象的方法。比如电话、计算机表面看来是人类文化的大发展和进步，其实它下面潜存着很大的危险，即删略乃至掏空了人类的思想、心灵和精神"（《赤子之心》）。在批判科学主义对人类的思想、心灵和精神侵蚀的同时，他对自然表现出了足够的敬畏和关爱，并认定"对天地的敬畏之心，最重要的是一种信仰，一种人生观"。他警告那些信奉人定胜天，不顾天地自然法则，随心所欲、为所欲为的人们："将人放在天地自然的'奴婢'地位，不重视人的智慧及创造性，并不足取，但将人看成万物的精华和天地的主宰，而任意奴役这个世界上的其他动物、植物，那也是值得大家怀疑的。对天地自然失去了敬畏和关爱，人类将会失去更多，甚至有自我毁灭的危险"（《敬畏之心》）。而在《树木的德性》中，对于那些须臾没有离开过大地，不计生存的意义，安详而从容地生长着的树木，他更是心怀感动，深感聪明的人类为了一己私利而展开生死搏杀，的确远不及树木的默默无闻却谦虚、阔大与和谐的德性。读着这样的散文，相信每一个有良知的读者都有一种清风徐来、豁然开朗的感觉，同时也为以往过于相信人类的力量，对天地自然失却敬畏之心而自责和羞愧！

正由于崇尚自然天地，强调人心与宇宙融合为一，这样，王兆胜的散文随笔在总体上便显现出一种"和谐澄明"的美学风致。他总是通过他的作品轻声慢语地告诉我们：当今我们所处的社会，是一个追求速度和效率的社会。总之，这是一个"快"的社会。在这样的社会氛围中，人的压力越来越大，越来越浮躁，越来越没有耐心。这其实是一种"现代病"。为了去除这种时代病，他极力推崇"柔韧之道"，提倡"半半哲学"，主张"慢"节奏，欣赏"不知"的人生态度。在《柔韧之道》中，他认为"柔韧就是一种余地、一种弹性、一种温润、一种仁厚、一种韵致、一种和美"。总之，"柔韧是天地道心，即玄牝之间，是谓天地根"，而过于刚硬的东西则易损易折。这样不仅符合天地自然之道，对于那些处处争强好胜、寸土必争的现代人来说，也未尝不是一种心灵提醒。在《半半哲学》里，他提倡一种既不追"高"，也不求"低"，而是取乎其中的人生态度，并引经据典加以佐证，最后得出这样的结论："'半半哲学'并不能简单地理解为一半对一半，而是代表一种界限、和谐、心情和生活方式。矛盾的双方具有双向互动性，如果处于'半半'，则心情易静易安，自然快乐幸福。"说理透辟，阐释优雅温和，既有对生活的独特认知和理解，又能牖启人心，这样的散文的确深得我心。不过，给我印象最深的，还是《水的感悟》这篇作品。此文在文类上属于哲思式的随笔，感受细腻，既写得具体可感，又处处透出哲理的机趣。比如作者说："当手接水时，好像什么都没有，我们不知道这水是什么，尤其当它顺着指缝流失时，这种感觉尤其强烈。"这是从我们身边的日常生活写起，读来十分亲切自然，不但能唤起我们个体的生活经验，又通过文学的笔调给予读者一种艺术美感。接下来，文章又从多个角度来写"水"，诸如水如此重要，"却不显山露水，更不张扬狂妄，沉默与静穆是其本色"，"水以柔软著称，却无坚不摧"，"水甘居下位，这与争强好胜和一味追求名利的人类大相径庭"，"水没有固定的形体，它随物赋形，顺乎天道"，还有"水"一方面是圣洁的，"它天然地具有高贵纯美的本质"；另一方面"水没有洁癖，善于'同流合污'"。这样的议论与描写，可谓抓住了"水"的本质和特征，而且自始至终贯注着天地道心，对"水"保持着一种感恩的态度和会心的微笑。平心而论，过去的散文中写水的篇章并不少，但像王兆胜这样把"水"写得如此生动可触，摇曳多姿，理趣互融，又带着作者的生命体温，透出一片宁静、澄明之光的作品并不多见。由此我认为，《水的感悟》是一篇从内容到谋篇结构再到语言都可作中学教材的作品。

类似《水的感悟》这样的作品，在王兆胜的散文中还可举出一些。这些作品一方面旁征博引、连类比物，体现作者丰赡的学识与才情；另一方面又常常从一些小道理、小事情谈起。这些小道理、小事情虽不起眼，却联结着天地人心，通达于全人类。应该说，一个散文家要做到这一点并非易事。首先，他需要有一种很深广的世界观、哲学观和宗教观；其次，他需要有一种操守与气度，一种自我精神的修炼与熔铸。散文作家倘若具备了这两个条件，他的作品自有一种胸襟与大境界。而当前的中国散文，缺的正是这样的一种胸襟与境界。也许正是看到这一弊端，我对王兆胜这一类既写现实人生，也写自然天道，同时有高远的心灵渗透，有超越现实的梦想和想象的散文充满了期待。

二、深植于仁心慈宅中的惦念之情

著名批评家李建军在谈到王兆胜时，说他"既是'人道主义者'，又是'天道主义者'"。诚哉斯言！关于王兆胜作为"天道主义者"的一面，在上一节我们已做过分析评述。下面谈谈他的"人道主义者"

的一面。

"人道"，按我的理解，首先是作为一个散文家，他要有一颗赤子之心，要以坦率、真诚的态度来写作；其次，他的心灵要充满仁爱，并用宁静、宽容的宅心来看待世界，对他笔下的每个人都怀着深挚之情。散文倘能将"天道"与"人道"，即对天地自然的敬畏，对他人的挚爱与指向自我的性情抒发统一起来，自然便是一种高格的散文，是一种和谐澄明的散文。我们看到，王兆胜对此有着深切的理解和体味。在《赤子之心》中，他认为"天地的自然有这样一个基本事实：几乎所有的生物，甚至包括一块石头、一粒沙子和一滴水都是赤裸的，它们完全将自己坦荡无饰地呈现给这个世界"，又说"赤子之心，即是真诚、善良、纯洁、宁静和自由之心，它是本然的，没有受到污染和异化。有了这颗心灵，在这个世界上，一个人就会成为真人"。这一段话，其实也是王兆胜的自况。因为有赤子之心，他待人接物总是那么诚恳友爱、坦荡无欺；因为有赤子之心，他淡泊名利，不会陷入为物所役的泥潭；同样因有赤子之心，他生活得十分自在和谐。而当他将这宅心仁厚投入散文，我们看到的是一片"爱之普照"之光——那是对于平凡而不幸的亲人的关爱，是一种坚韧的精神和美好人性的光辉，那也是一份深沉内敛的感情。而值得注意的是，这种仁爱之情并不是通过虚浮作态的抒情升华，而是借助朴素细致和含蓄温婉的笔致传达出来，并以其真实的描述和生动的细节震撼着读者的心灵。

《父爱深深深几许》也许不是王兆胜写人记事类散文中最好的一篇，但当读到"我"大学三年级暑假回家，父亲从衣柜里掏出三个放了几个月、已皱巴巴的苹果让"我"吃，后来弟弟也争着要吃，父亲不让，"像老母鸡护小鸡似的护着苹果"，最后在"我"的坚持下，"我们三人一人一个吃起来。苹果的确很甜"这样富于人情味的生活细节，包括"我"给年近 80 岁的父亲洗澡，父亲老是用手挡住下体的细节，我的眼睛不禁湿润了。我想起了一篇日本的小说《一碗清汤荞麦面》，想起那母子三人在大雪纷飞的除夕夜，头碰着头，很幸福地享用一碗热气腾腾的荞麦面的情景。这种在困苦中的相濡以沫、其乐融融的情景实在是太动人了！还有《母亲的光辉》这一篇，母亲的美丽、母亲的坚韧精神，尤其是母亲的宽容和知书达理，都给读者留下了深刻而美好的印象，透出作者对母亲的深挚的爱和无尽的思念。其他如写二哥的《春蚕蜡炬似二哥》，写三哥的《三哥的铅色人生》，写童年友伴王有杰的《童年友伴两茫茫》，这些作品几乎都采用了纪实的写法，没有轰轰烈烈的场面，没有任何艺术的想象与夸张，作者只是用随意、朴素的笔触，追叙逝去亲友的一些平淡的生活细节，但因这些作品中有一种被宅心仁厚笼罩着的爱的情绪与和谐，加之作者是以自己的心贴着人物的心来写，因而这些作品自有一股感情和伦理的力量吸引着读者。当然，在这类散文中，我认为写得最为成功、最为感人的是《与姐姐永别》。

《与姐姐永别》是王兆胜写人记事散文中的代表性作品，也是一篇堪与巴金的《怀念萧珊》、宗璞的《哭小弟》等名作相媲美的杰出之作。此文在《海燕·都市美文》发表后，即获得著名散文家和散文理论家林非先生的高度评价，并将其收进他编选的《永恒的主题》一书。而后，此文又被《散文选刊》《书摘》《青年文摘》等十多家报刊文摘转载，被收进《2004 年中国散文精选》《百年中国性灵散文》等多部选本，并作为教材供中学生学习，由此可见此文的影响力。当然，更为可贵、更有说服力的还是文本本身的思想内涵和艺术水准。这篇作品写姐姐对小时的"我"和弟弟的呵护，写姐姐因两个弟弟的先后去世日夜哭泣，后来终于被恶疾击倒。此外，还写了姐姐与恶疾的抗争以及病中仍不忘对"我"的关怀体贴，这些都写得极其感人，让人读后久久难忘。但我认为写得最精彩动人的是这样的一些生活片段和对话，比如当"我"连年高考不中，姐姐总是这样安慰我："力强啊，考不上就考不上，难道人家不上大学就没法活？"看着"我"一副不服输的样子，她担心"我"会自杀，于是面对郁郁不乐的"我"，一边让"我"吃饭，一边说："力强，相信命吧，考不上就算了，咱尽力了不后悔。好了，从今以后，咱姐弟都在农村，永不分开，也挺好的。"而当她知道"我"只是考得不理想，上大学没有问题时，她的身体立即轻盈起来，眉开眼笑，嘴里流水似的说："那就行，那就行，能考上就行。"……日常的生活小事、朴实的对话，再加上一些神态描写，便将一个普通农村妇女对亲人的担心与关爱，包括她的性格、她内心世界的苦痛和甜蜜都真切而传神地表达了出来，让我们领会到了一种人性的温暖，一种美好而亲近的"惦念"之情。

是的，在王兆胜的散文中，即便是那些较为抒情的作品，我们也看不到那种空泛张扬、飘浮于半空的无根的追思或怀旧，我们感受到的是一种消融于日常生活细节中的"惦念之情"。这种"惦念之情"是什么？我以为它包含着两层意思：一是散文作者写的都是他的亲友或熟人；二是他不论写人或写事，姿态都放得很平很低，就像老朋友谈心一样，即如钱穆说的"先把自己的心走向别人心里去。自己心走向他人心，他将会感到他人心还如自己心，他人心还是在自己的心里"（钱穆《人生十论》）。说得浅白一点，"惦念之情"实际上就是"我心"与"他心"的双向流动，所以它是一种特别柔软、温暖、平实的情愫。也许正是由于"惦念之情"比一般的感情要广阔、深厚得多，所以小说家铁凝对这种感情情有独钟。在《铁凝散文·自序》中，她这样写道：

> 散文究竟是因什么而生？在我看来，世上所有的散文本是因了人类尚存的相互惦念之情而生，因为惦念是人类最美好的一种情怀。人类的生存需要有相互的惦念，最高的文学也离不开最凡俗的人类情感的滋润。被人惦念和惦念别人是幸福的……在生命的长河里，若没有了惦念，还会有散文吗？

我们的散文中有各式各样的情，而唯独较少有深度的真正隐忍的"惦念之情"，而我们过去的散文研究者对这种"惦念之情"的研究也很不够。在此意义上，我们可以说王兆胜的《与姐姐永别》一类的散文，事实上已经向我们的散文研究者打开了一扇新的情感之门，同时也诠释了好散文永远都离不开人类的美好情怀，离不开凡俗感情的滋润这一真理。

王兆胜的散文之所以有这样的"惦念之情"，他之所以能做到"将自己心走向他人心"并非偶然。在2006年第3期《南方文坛》的"点睛"栏目中，他谈到读茨威格的小说《一个陌生女人的来信》时的情景和感受："一边流泪，一边唏嘘，一边仰天长叹，既为真诚、善良、美好的女性和爱情，也为庸俗、空虚、无情的男人和作家。还有路遥的《平凡的世界》，它曾给我这个起于艰辛、脚踏坎坷的农家子弟多少温暖、光明和意志啊。"我深信王兆胜在这里说的都是发自肺腑之言。因为读着这段话，我自然记起了这样一个细节：有一次，我与王兆胜、李建军三人一起谈散文和小说。王兆胜给我们讲路遥，讲路遥的短篇小说《姐姐》："我"的姐姐被上大学的男友抛弃，独自一人跑向雪地。这时大雪纷飞，姐姐很快被定格为一个雪人。于是"我"走过去，从头到肩，到手臂轻轻抹去落在姐姐身上的雪花。王兆胜讲述到此处时，泪流满面，声音呜咽。面对此情此景，我和建军都有点手足无措。我万没想到在这样一个人心被重重物质包裹着的冷漠、麻木的时代，一个以文学批评为业的人竟然还会对20年前的一篇小说感动得流泪。我由此在心里认定这是一个值得信赖、值得一辈子深交的朋友。因为他善良易感，他坦荡且崇尚真善美，他心目中有一种大爱，而这种大爱对于普通人来说就是阳光、温暖和微笑。

我相信，有这样的大爱和易感之心，王兆胜写出《与姐姐永别》这样的散文，也就不足为奇了。

三、诗化人生与潇洒为文

王兆胜出生于胶东半岛的贫穷的农村。从童年到小学再到中学，他饱尝了人生的艰辛和苦难。但他没有向生活屈服，更没有自卑和放弃。因为他有坚定的意志和执着的信念，更因为他心中有梦想。成为文学博士和学者后，他又善于"诗化人生"。

诗化人生有两种方式：一是敢于正视苦难，而又不让灵魂在苦难中沉没；二是追求逍遥的境界，同时强化想象的意义。前者主要以记叙童年和乡村生活的散文为代表，比如《童年的草莓》中"我"虽然手中没有一分钱，根本买不起"红红的""如火焰一般"的草莓，但"我"从大山里捡回一棵草莓小苗，并将它种在家院的一角，经过细心的浇水护理，小苗终于开花结果了。"我"为什么如此珍爱草莓，因为"童年的草莓就如一个大大的太阳悬挂在我心灵的天空，使我的内心充实，安宁与满足"。而在《黑白情结》中，他将世界分为"白""黑"两种基本色，其间既有童年时代对于"白"，即自然和纯粹乡村生活的美好感受与描写，也有进入中年后对于"黑"的理解与顿悟，两相比照，泾渭分明，同时又互为依存，相得益彰。这样，《黑白情结》便不仅描述集中、角度独特、构思奇妙，而且把"我"生于斯、长于斯的乡村诗意化了。像这样的作品，还有《槐花开落》《木龟》《逍遥的境界》等，这些作品一方面以真实的笔触、具体的细节、敏感的心灵感悟描述了乡村的贫穷落后，以及生活在那里的人们的生存状态；另一方面又展示了在贫穷和苦难面前平凡的弱小者的理想和抗争，就如《童年的草莓》所写，"草莓的色彩一直在我心里流淌，草莓的火焰一直在我心中燃烧，那是一条理想的梦的河流"。正是有了这"理想的梦的河流"，王兆胜的乡村散文总能让读者看到生活底层的光明，总能感受到残存于人心中的温暖，同时也领略到了他心灵的秘密。在我看来，这就是文学的真善美，同时也是文学的价值与魅力之所在。

如果说《童年的草莓》《黑白情结》等描述乡村生活的性灵散文主要以平实的叙述和丰满的生活细节打动读者，那《高山积雪》《生死"地心泉"》一类的"性灵"散文便是以峭拔奇崛的想象见长。特别是《高山积雪》，可以说是一篇构思不凡，元气充沛，想象飞驰，其文脉又相当清晰的上乘之作。这篇散文采用拟人化的修辞手法，先想象积雪因为不能一展才华为人类谋福利而孤独寂寞、闷闷不乐。终于等到春暖花开时节，积雪变成了生动的山涧流水踏上了为人类谋福利的旅途。而后，文章继续驰骋想象，写积雪一路的所见所闻所思所感以及跌撞得"粉身碎骨"之后的痛感与快感。这些描写不仅涌动着青春的活力、生命的激情，而且气韵生动、声色和谐，景情的交织转换十分自然妥帖。接下来，作者笔锋一转，写积雪看到了人类各种各样的丑恶现象。而最令积雪无奈和不解的是人类对大自然肆无忌惮的污染破坏，这样连原先冰清玉洁的积雪也黏满了肮脏的液体，这既是积雪的悲剧，也是大自然对自私自利、贪得无厌的人类的控诉。文章最后，积雪虽"显得苍老而疲累"，但它还是"无比快乐而又充满渴望地向大海扑去"。因为此时，"积雪才真正体会到：原来冰冷就是另一种温暖，死亡就是另一种新生"！整篇散文，都是在创造性想象力的驱动下，通过诗心将大自然的生命力与创作主体的生命贯通起来。同时，还通过积雪的被污染批判了人类践踏自然的愚昧行为，体现出浓厚的环保意识。总之，《高山积雪》是诗，也是富于艺术意味的寓言。作者在犹如行云流水般的文字表达中，巧妙而真挚地融进了自己对大自然的一片深情和对生活的爱。这样，这篇"性灵"散文自然便因"处处景语，笔笔含情"而令人诵读不已。

不过在王兆胜的散文创作中，类似《高山积雪》这样的"性灵散文"还不是很多，也许因为他是林语堂研究专家，受到林语堂影响，他的散文大多数属于思想性随笔，而且这些随笔都写得平和随意、自由潇洒、亲切温馨，颇有林语堂的流风余韵。当然，潇洒为文必须有散淡之心。在这方面，王兆胜可谓得天独厚——他既有先天的优势又有后天的修炼。如前所述，王兆胜既是一个谦谦君子，又是一个处事低调、甘于下位、心性散淡的学者。在散文观念上，他也极力提倡"心散"，比如在《南方文坛》2006 年第 3 期的《形不散—神不散—心散》一文中，他就提出散文应"形不散，神不散，心散"这一概念，并认为这是新世纪散文创作的基石。而他的散文，尤其是散文语言，的确很好地诠释了他的散文观。他的散文语言许多时候都是慢慢道来，文辞浅白自然，行文不动声色却轻松有趣，韵味悠长，其间的情调、氛围，乃至闲笔与闲心，确实别有一番风致，值得一读再读。可惜限于篇幅，此处不能充分展开赏析。

王兆胜散文创作的时间还不是太长，但起点较高，且出手不凡。迄今为止，他的散文创作已经形成了自己的个性和特色，那就是立足于天地人心的高品位和多维度的写作。这种写作既体现着散文的根本特性——真诚的感情和自由的精神，又处处折射出敬天、和谐与爱人之心。这种写作还高扬着创作主体的创造性想象，富于生命激情和诗性智慧，但更多的时候，他的笔调又是优雅洒脱的，透出一种因心散而氤氲出来的灵性与闲笔。作为王兆胜的朋友和散文共同的坚守者，我为王兆胜在散文创作和散文研究两方面所取得的不俗成绩感到由衷的高兴。当然，我期望王兆胜在实践"立身先须谨慎，文章且须放荡"时，可以再配备几套散文的笔墨，特别在"性灵散文"，如《高山积雪》这一类散文上还可多用力一些，因这类散文同样能体现其艺术气质和心灵特性。总而言之，我认为只要沿着"天地人心"的路子走下去，王兆胜完全有可能为新世纪的散文开辟出一片阔大的天地！

（原载《当代作家评论》2007 年第 4 期）

目录 CATALOGUE

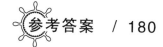

试卷作家
真题回顾

诗化人生

①常言道，人生不如意事十有八九。就是说，人们都要面对悲伤、怨恨、疾病、绝望和死亡等人生的苦难。那么，为什么在这个世界上有着不同的人生呢？比如有的人忧思百结，总是闷闷不乐；而有的人却笑口常开，充满欢歌。在我看来，这主要是由于不同的人有着不同的性情、不同的心灵和不同的生活态度。

②天上的月亮每月也不过有几日之圆，天空和大地也不是总充满白昼而没有黑夜，一年四季除了春夏也还有严寒的冬天……自然天地尚且如此，那么，作为它的派生物——人生，也是一样。理解了这一点，也就理解了天地人生的根本的悲剧性，理解了这个世界与人生的先验"缺失"。<u>从这个意义上说，佛家认为"人来到这个世界就是为了承受苦难"是有几分道理的。</u>如果有了一颗正确对待人生"缺憾"的心灵，以一种审美的态度对待这个世界，那么这个人的人生将是轻松与快乐的。

③我们常常会看到这样的现象：有的人一生辛苦，却身体健康、精神旺盛、生活幸福；有的人一生虽然锦衣玉食，清闲无事，甚至过着寄生的生活，但他们却身心疲累、一脸愁容。这是为什么呢？我想，其中最根本的原因可能是：他们的"心"累与否。同样，一个人一生是否快乐、幸福，有时主要不是取决于外在有无劳累和不顺，而是主要看他能否有一颗快乐的心、一颗"诗心"。如果能用

一颗审美的心灵看取这个世界，那么他的人生将总会如枝头上小鸟的歌唱，如不冻的河水汩汩地流淌。

④其实，人之所需无多，庄子《逍遥游》里说："鹪鹩巢于深林，不过一枝；偃鼠饮河，不过满腹。"孔子《论语》也说："饭蔬食，饮水，曲肱而枕之，乐亦在其中矣。"看来，最关键的不是物质的多少，而是"精神"与"心灵"的高度和境界。

⑤有了诗心，就可以与挫折对抗。比如苏东坡，他被放逐到荒僻的海南，夏天极其潮湿，秋天阴雨连绵，所有东西都发霉，床柱上还有许多白蚁，要什么没什么。六十岁的老人，水土不服，无朋无友，寂寞无聊，但他却没有悲观厌世，更没有失去生活的乐趣和美好的理想。他自己制墨、采药、盖房，同时，抄录《唐书》《汉书》，注释《尚书》，编定《东坡志林》，考订药书，赋诗作词。似乎这个世界上没有什么东西能将他打倒，因为他总有一颗诗心。

⑥有了诗心，人们也可以体悟大自然的规律和心情。天地一年四季，春天繁华，夏天挥霍；当树叶变黄，纷纷飘落，生命就进入了晚秋；而严寒到来，万物将激情收敛珍藏，这就是冬天了。其实，这种更替与人生何异？生命在自然与死亡韵律的和谐上实际上具有一样的节奏。自然生命和人生就如同一首诗，一首有着成长和死亡韵律的和谐诗。通过诗心，在发现天地和人生蕴含的诗意后，我们就会进入一种新境界：人生就是一个进程，天地都有生死、悲欢，而渺小的人还有什么困惑和滞碍呢？

⑦通过诗心，人们还可以感受到大自然的生命力，并将这种生命与自身的生命贯通起来，那么，个体就会感到自己生命的强大。比如，看到一树绿叶，我们不要对其熟视无睹，而应该用诗心去体会。当你的诗心与绿叶的生命接通，那么，在你的意念中一股生命的泉水就会顺着树叶的脉络汩汩流出，直流入你的身心之中。可以

设想，在与大自然接通时，人不仅进行了生命充电，同时也在进行精神充电。

⑧诗心就如同和煦的阳光，它不仅能消融冰雪，还可以驱尽黑暗，使人生如明媚的春日，其乐融融。

【摘自《散文（海外版）》2003年第2期】
【2005年普通高等学校招生全国统一考试仿真试卷语文（四）】

▶试 题

1."诗化人生"的关键是要有一颗诗心。请根据文意，概括"诗心"所包含的内容。（4分）

_____

_____

_____

_____

2.作者在文中从哪些方面说明人生为什么要有一颗"诗心"？请分点简要回答。（4分）

_____

_____

_____

_____

_____

3.根据文意，回答下面问题。（6分）

（1）你认为第②段中画线句子的内容说得对吗？请你结合对这句话含意的理解简要陈述理由。（3分）

_____

_____

_____

（2）细读第⑥段的文字，举例具体说明你从大自然的规律中得到的新的感悟。（3分）

_____

_____

_____

4.下面对这篇散文的鉴赏，错误的两项是（　）（　）（4分）

A.这篇文章展现了不同人对待生活苦难的性情和态度，文中也隐隐流露出一丝对人生的无奈之感。

B."在与大自然接通时，人不仅进行了生命充电，同时也在进行精神充电"一句中"生命充电"指从大自然吸取物质能量，"精神充电"指从大自然得到人生感悟。

C.文章用苏东坡被贬海南的生活为例子，生动地揭示了用诗心与挫折对抗的意义，深化了"诗化人生"的主题。

D.庄子《逍遥游》"鹪鹩巢于深林，不过一枝；偃鼠饮河，不过满腹"一句中"不过一枝"和"不过满腹"都表明了人生是有缺憾的，是有苦难的。

E.这篇哲理散文饱含生活的激情，生动地阐发了追求人生快乐和幸福的道理，富于辩证色彩；语言生动形象，充满理性，读后给人昂扬向上之感。

高山积雪

①与那些直接飘落于田野、河流和村庄的雪花不同，高山积雪似乎是上苍的遗弃物。它远离人间，孤独寂寞地在严寒中度过一个个漫长的日月，长久地苦恼着。

②在焦虑万分的等待中，春天终于到来，阳光温暖明媚，地面热气升腾，靠近底部的积雪开始悄然融化，由一堆固体静止物一变而为生动的流水。在不知不觉间，变成流水的积雪已经走上它的旅途，它甚至还没来得及向家乡向母亲告别。投身于脱缰野马般的奔跑之中，积雪感到了大山之外紧张残酷的竞争，那是一种万人抢走独木桥的惨烈景象。在这种拼命的拥挤中，积雪感到了有些头晕目眩，仿佛自己已非自己了。更可怕的是，在前进的道路上，常有巨石挡住去路，而自己又没有时间思考就会被撞成粉末。在这种如雷爆炸般的轰鸣中，积雪虽然感到一种生命的飞扬，一种凌空高蹈姿势的优美，但内心也被一种嘶声裂肺的痛感所占据和震撼。化为流水的积雪也渐渐明白了，原来生命的旅行是要经过无数痛苦磨砺的。

③如风云流散而复聚一样，粉身碎骨的积雪之水又汇集在一起。路途渐渐变得开阔，行进的速度也慢了下来，积雪似乎看到了所谓的人类。在积雪的眼睛里，有的人面目慈祥，行为优雅，举止大方，尤其是那些妇女和儿童比较可爱；而另一些人，尤其是一些男人目中透出攫取的贪婪之光，他们有的肩扛猎枪，两只血红的眼睛像恶

狼一样到处搜寻。最令积雪恐惧的是，猎手曾毫不犹豫地将一只只洁白的天鹅、幼小的动物打死，血竟差点将自己染红！最令积雪感到无奈和不解的是人类对它肆无忌惮的污染，那些有毒的气体和液体，都让积雪看到了人类的自私、无知与可怕。积雪还经常看到自己身边的流水被人取用，或是浇灌庄稼，或是满足工业制造之需。每当此时，积雪心里就会升起激动与悲伤，在它看来那是同类的夭折与不寿，虽然是死得其所！此时，积雪总是扪心自问："如果我突然被人取走而不能继续生命之旅，那将会怎样？"

④有时，积雪也想起了自己的家乡，那是怎样冰清玉洁的所在！而今，它却变成一团黑臭、肮脏和黏厚的液体。但积雪是富有牺牲精神的，因为它明白从走出那个神话般的世界开始，自己已经不再属于自己，而是踏上一条不归之路，这就好像一个人的出生就意味着死亡一样。当然，积雪在旅途中也有值得回忆和留恋之处，那是它从高山出发始料不及的。如它看到山上如羊群一样游动的云霞，那给它带来多少美好的故乡信息与回忆。还有，小男孩和小女孩在河边洗澡与游戏，他们天真无邪的欢笑曾让积雪久久不愿离去。最令它快乐的是，有一渡口留下过人类智者孔子的"逝者如斯夫，不舍昼夜"这句话，由此，积雪感到了在人类中仍不乏知音。

⑤河道变得越来越开阔，污浊而黏稠的积雪之水显得苍老而疲累，它甚至能看到不远处有辽远而苍茫的大海和那呈扇形开放的洁白的海滩。那里有着与自己故乡相似的景象，如梦如幻，神秘莫测；那里也颇似自己母亲的怀抱向自己激情洋溢地张开。此时，积雪才真正体会到：原来冰冷就是另一种温暖，死亡就是另一种新生！于是，在对那个冰封世界的想念中，积雪无比快乐而又充满渴望地向大海扑去。最后，积雪之水被大海吞没，失去了自己的模样，而大海不满不亏，一如既往。

⑥ "不知道有没有可能，海水又被阳光蒸发而为云气，而后又变为白雪，降落于高山之巅，从而孕育一个新的梦想。" 气息奄奄、魂魄如游丝般的积雪心中有这样的一个闪念。

（选自《天地人心》，有删改）

【江苏省常州新桥中学 2014—2015 学年高一上学期第一次调研语文试卷】

▶试 题

1. 请根据全文概括高山积雪在不同时候的心路历程。（6分）

_____

_____

2. 此文主要用了哪些手法来描写积雪？有什么作用？（4分）

_____

_____

3. 联系上下文，说说第三自然段中加点词的含义。（4分）

_____

_____

4. 文章的最后两段在文中的作用有哪些？（6分）

_____

_____

_____

_____

试卷作家
美文赏练

童年的草莓

🌸 心灵寄语

> 一颗颗草莓记录了"我"的童年生活，草莓的色彩也一直在"我"心里流淌，但关于草莓的美好梦想再也找不回了。

由于科技的发展，我们一年四季都可以看到甚至吃到草莓。尤其到了春天，京城的市场甚至大街小巷都堆积着草莓，我们可以随心所欲，一饱口福。

但是，现在我很少也不太爱吃草莓了，有时甚至不愿看到草莓，因为现今的草莓越来越让我失望。不论色彩，还是甜度，抑或是口感，都让我再也找不回童年时关于草莓的美好梦想。

记得我六七岁时，现代化潮流还未涌进我生长的那个偏僻山村，村中的房屋、树木、街道和民情仍保留着古风遗韵。

有一天，我在巷口玩耍，突然听到草莓的叫卖声，我为之一震。因为我还未听说"草莓"二字，更没见过"草莓"。

当顺着纵深的巷子望去，只见一个矮小瘦弱的老头儿挑着一担东西朝我走来。老头儿肩上的担子颤悠悠，其弯度和老人弯弯的背部正好形成一种和谐的状态。

当走近了，老头儿把担子放下，顺势坐在一块干净的石头上，脸上的皱纹里堆满笑意，让我一见就感到舒服。

我把目光投向担子，那是一根极其普通的扁担，只是日久天长，它已被磨得光滑如玉，仿佛透明似的。两只篮子也精致动人，细条编织得细密，篮子的系儿由一根洁白的粗木条做成，高高隆起。每个篮子上面盖着一块白手巾，让人想到齐白石笔下的篮子写意画。

我怀着好奇心走近篮子，草莓到底长什么样儿？

还没等我靠近，老头儿马上用手挡住我，唯恐我把他的宝贝弄坏。

我蹲在篮子边，嘴里嘟囔着："让我看看还不行吗？"

老头儿看着我还算规矩，就轻轻揭开手巾一角，因为他觉得没理由不和我分享他丰收的喜悦。

令我吃惊的是，草莓在篮子里堆成一座小山，红红的草莓如火焰，仿佛把我的脸照红，也照亮了。

我又向前挪了半步，更仔细地欣赏草莓。

草莓的蒂部还有苍翠欲滴的绿，红绿相映，光彩照人，夺人眼目。

还有草莓上均匀分布的一些小白点，它们真像天空点缀的星星，显得既干净又透彻。

当时，我家里一贫如洗，手中没有一分钱，根本买不起草莓，哪怕一粒也买不了，这是我一清二楚的。所以，我只能不停地咽口水。

看着我全无买的意思，老头儿起身，挑起担子远去了，只留下越来越轻的吆喝声，"卖草莓了"……

这声音在山乡的上空不断地回响。

自那以后，草莓的色彩一直在我心里流淌，草莓的火焰一直在我心中燃烧，那是一条理想的梦的河流。

一个偶然机会，经大人指点，我从大山中挖回一棵草莓的小苗。

我如获至宝，细心把它栽种在家院一角。从此，这棵小苗就成为我最亲密的伙伴，或者说我生命的一部分。

每天，我给小苗浇水。当太阳当空，我又为小苗搭起小房遮阴。即使吃饭，我也端着饭碗在小苗旁边守护。有时到了晚上，我还会捧着煤油灯细心观察小苗的成长。

功夫不负有心人，小苗由两片叶子和一个嫩芽长成一条长长的蔓子，然后是枝壮叶茂。

可惜，它一直没有开花，更谈不上结出果实。

后来，得到大人指点：草莓的蔓子长到一定时候，要将头部掐掉，不能任其疯长，否则就很难开花结果。

于是，我对草莓长蔓做了处理。

很快，草莓真的开花结果了。只是，花虽开得很多，但大多数草莓花凋蒂枯，只有一颗草莓存留下来。

从此，我像母亲呵护独生子一样照顾这颗草莓，唯恐它有闪失或遇到不测。

值得庆幸的是，草莓由小至大，由白变成半红，再由半红变全红，在太阳下熠熠生辉。它仿佛是一尊女神，使我的生活和周围的一切变得无比美丽。

多少次，我都想将它摘下来，品尝其甘美滋味，但都不忍心把草莓掐下来。在我看来，如掐下这枚果子，只留下草莓蔓子还有什么意思？吃下草莓之后呢，往后的日子还有什么盼头？

每次，我都克制住自己，只是靠近草莓静静嗅闻它甜美的芳香。

又过了几天，当我早晨起来，发现草莓已不在草莓蔓上，而是落在地上。

此时的草莓，真如一个熟睡的婴儿红着脸蛋躺在地上，让我好生怜惜。

我仿佛怕冻着草莓似的，把它捧在手心，放在一只小盒子里。

后来，这颗草莓变成一汪水汁。再后来，水分变干，留下风干的一点儿渣子。

有一天，我终于下定决心，把这块草莓干渣埋到那棵也快干枯的草莓蔓子下面，算是为它做一个简单的葬礼吧。

在我的童年以及后来很长一段时间里，我都没吃到草莓，但它的色彩、形体、气息一直都留在我的心里。

每当想起童年的草莓，我的口里总有一股泉水源源不断从舌根渗出，它清冽、醇美，意味无穷。

不管生活有多么艰难、干涩、寂寞，童年的草莓就如一个大大的太阳把我照耀，这使我的内心显得非常充实、安宁与富足。

今天的草莓很大，色彩透红。它四季不断，堆积如小山。然而，我再也没看到过童年的草莓那种纯天然的色泽，红、白、绿相交织，更没了由草莓上面升腾起来的炽人的火焰。

今天的草莓吃在嘴里淡而无味，只有水汁汁、硬生生的一种感觉。

童年的草莓，愿你与我的梦相依，愿你与我相伴一生。

精彩
——赏析——

　　作者开篇提及现代科技发展给大家带来了便利——随时吃到草莓，但是对作者来说，现在的草莓从色彩、甜度或是口感都已令人失望至极，并借此引出作者童年时关于草莓的美好回忆。随后，运用神态、动作、语言等一系列的描写，将作者第一次听到并看到草莓的画面完整地呈现在读者眼前，给人一种身临其境的感觉。同时，多次利用比喻的修辞手法和细节描写，将作者养育草莓的过程以及草莓的特点逐一描述出来，生动形象。本篇文章以平实的叙述和丰满的生活细节打动读者，让读者看到了作者与草莓的不解之缘。

槐花开落

> 漫步在种满槐树的小路上，微风吹过，阵阵幽香沁人心脾，随风飞舞的槐花让人对生命有了某种说不清的感悟。

世界纷纭，人生若梦，许多人、事、物都随着时光岁月一同悄然流逝了，有时甚至踪影全无。然而，"花朵"——优雅纯美的花朵却依然故我，历久弥新，并不因时间而衰败。

在最早的记忆中，母亲和姐姐的笑是灿烂的花朵，她们让我理解了什么是美丽、温柔和纯洁；后来，在菜园里，金色的黄瓜花、五颜六色的喇叭花令我神往，它们让我明白了世界是如此丰富绚烂；再后来，天空的云朵和飘下的雪花为我插上了梦幻的翅膀，我的逍遥精神多源于此。还有一种花看似平常，却让我的生命一直处于微醺甘美之中，这就是槐花。

大约在五岁的一个早晨，我被窗外的鸟语唤醒，接着就是淡淡的花香。它犹如池水的涟漪阵阵飘来，也似花粉随风而至，将我包裹。那时，因为年龄小，无以名状其真实独特的感受，但有一股玉米和鲜花生的甘甜；后来，长大了，才找到一个能表达心语的词，即大地的芬芳。槐花香没有月季花香的诱惑，也没有桂花香的药味

15

儿，更没有花椒花香的辛辣，而是一种近于"无"的香气。

顺着花香走出屋子，院落、村中和村外到处都是槐花，其壮观的景象直到今天还仿如昨日。槐花瓣瓣如碎玉，洁白纯美，晶莹剔透；槐花串串如葡萄，充实饱满，果实累累；尤其在翠绿树叶的映衬下，槐花仿佛仙女下凡，素面朝天，恬静安然，令人有己不在人间之叹！对一个孩子来说，也许我并不知道什么是美，更关心的是食不果腹的境遇；但槐花让我大饱眼福，有了美的感受，心中亦如花朵般绽放。那时的自己真想变成一只小鸟，跳上枝头，在槐花间幸福地高声鸣唱！

很快，村民蜂拥而至。他们拿着钩子，爬上高枝，摘下槐花。转眼间，风卷残云，扫荡一空，于是树上树下一片狼藉，美丽的槐花不见了。因为在农村，在贫穷的年月，槐花是最好的美味佳肴，将之和上玉米面清蒸，香甜可口。尽管如此，我仍然大惑不解：留在树上，槐花可久看不厌，百闻不足，而一股脑儿被吃掉了，多么可惜！表面看来，村民是在采摘槐花，但我仿佛看到了一群"采花大盗"，将天国的美丽洗劫一空。后来，每每看到对美的毁坏者，我都想起童年时期看到的村民对槐花的残暴之举，心中充满无限的痛恨和忧伤。

来到京城生活，有福又与槐花相遇。四月的北京，槐花盛开在路的两旁。它们虽没有童年时家乡的壮观景象，但也芳香四溢，一派纯洁与浪漫。更令人欣慰的是，因为无人折损，花期极其短暂的槐花可得寿终。走在被槐花包裹的路上，我看到人们不断地吸着鼻子，让花香浸润胸腔肺腑，脸上洋溢着陶醉和满足，一如鱼儿在水中游，鸟儿在天上飞。在槐花开放的季节，我的生活如灌了蜜，也像长了翅膀，还似在冰上自由滑动，惬意和幸福极了！看来，真正美好幸福的生活，生命必须有所附丽。

但这如梦的生活没有持续多久。一天早晨,我看到槐花的落蕊洒满大地,像铺了一层洁白的地毯,香味也淡了。我知道,此时的槐花将躯体留在了人间,灵魂则飘然飞去。走在槐花的落蕊之上,一如偎依于母亲温暖灵魂的深处,心中怀想着蝉蜕前那长长的低吟浅唱,于是,泪水不由自主地打湿了心灵中最温柔的所在!再一天早晨,槐花落蕊已被清扫一空,拾起遗漏的几瓣捧在掌心。它们瘦弱、起皱、干老,拿回来夹进书页,可以聊慰我心!

槐花常让我想起慈母和姐姐,其开其落,都是匆匆过眼,无声无息,一如一场春梦了无痕迹。但是,自己心里明白,我常常被人、事、物,尤其被弱小的生命感动,落下热泪;我尊重甚至崇拜女性;我爱美、乐观、好静,加上一丝莫名的悲感,这些都不是无缘无故的。

槐花为我画了一幅画,铺就一条路,造出一个梦,培育一颗心。于是,我的身心潇洒空灵,隐约感到对生命有了某种说不清的感悟。

精彩
—赏析—

文章主要讲述了作者对槐花的回忆与感触。文章开篇借由"花朵"历久弥新引出"母亲和姐姐的笑是灿烂的花朵",再引出槐花——看似平常,却让生命一直处于微醺甘美之中。内容层层递进,情感逐渐深入。然后,作者展开叙述儿时在村中所见满处槐花尤美,却被村民肆意采摘,令人痛恨、忧伤。而城中的槐花可以肆意生长,花香沁人心脾,令人沉醉其中。两相对比,更加突出了槐花带来的美好,以及作者对槐花的喜爱之情。最后,文章又借由槐花引出慈母和姐姐,呼应前文,升华主题。

村前小河

🌸 **心灵寄语**

> 春、夏、秋、冬，随着四季的变换，村前那条小河美景更迭。但现在，那条小河早已不再是原来的模样。

我生长在一个叫上王家的小山村，十九岁离开村子，至今已过去四十载。

现在，我很少回去，可村中的一草一木如在眼前。

村前有一条小河，常在我眼前流淌和闪动，也不时入我梦中。

小河在村南，一条东西方向的公路将它与村庄隔开。

要离开村子到南山，就要穿过公路，经过小河。

小河的水流不宽，深处没膝，过河需要脱鞋，深一脚浅一脚地迈过并不湍急的水流。

春天到来，乍暖还寒，下河需下点决心；夏日炎热，将腿脚探入河水，感到周身舒泰；秋风吹起，河水变冷，霜露已降，深秋肃杀，每个过河人都会加快脚步，跑着过河；冬天，河水进入枯季，小河封冻，过河人从容自在，如入无人之境。

河边有些大石头，村妇常在上面洗晒衣服。夏季，她们将双脚和双膝泰然自若地浸入河水，只听到搓洗衣服的嚓嚓声，看到旁边孩子的欢笑和打闹。旁边不远处，被晾晒的花花绿绿的衣服，像花伞，也像菜园边的喇叭花。

丈余宽的河流只是最显眼的光景。其实，百米宽的河床应有尽有，这成为孩子们玩耍的天堂。

在河流旁形成大大小小、各式各样的河湾，其中珍藏着无数的故事。

大的河湾如池塘，有人垂钓，还真能钓到一斤左右的大鱼。水中有野芹菜之类的各种水草，与幽幽深水一起，神秘而悠然。进入夏季，中午时分，一些农人就会在回家的路上，赤条条地跳进深水，将一身泥土和劳累洗净。晚上，村里一些爱干净的大姑娘和小媳妇就会相约来到深水区，痛痛快快地洗浴一番。据说，不知情的男子夜里来此洗澡，竟被妇女像赶鸭子似的赶跑。天长日久，就有了一个不成文的规定：这片深水在白天时姓"男"，晚上就改成"女"姓了。

小的河湾如浅滩，那是孩子喜爱的天地。小浅滩如一面面镜子，分布在河床，在阳光映照下闪着星星般的眼，在清澈中透出明净和安稳。这些浅滩中有丰富的水草，还有指头大的小鱼，更有成为青蛙前的蝌蚪。它们一会儿藏进水草，一会儿在你眼前大摇大摆地游动。还有一种蜉蝣，它在水面上滑行，体型比蚊子大，四条腿奇长，仿佛被几条细线支撑着。

我常乐此不疲，长时间卧在浅水边观察，水中的小鱼、蝌蚪、青蛙和蜉蝣令人佩服。因为小鱼和蝌蚪能在水中自由游动，人就做不到；青蛙能在水中畅游，腿脚用力一缩一伸，就能游得很远，在岸上竟能一跳数米甚至更远，仿若离弦之箭；蜉蝣在水面滑行，好像将水面当成玻璃，其静如处子，动如流星，厉害得很。有时，看着看着，自己也仿佛成为它们中的一员，但冷静下来又会大失所望。这些小浅滩曾给了我无数的遐想，也让我有了灵动的美好感受。

河床满是洁白细致、厚如棉被的细沙，我们这些孩子光着脚在上面奔跑，做各种游戏。热了就往深处挖掘，直到见到湿沙，挖出河水，才跳进小浅滩将泥沙洗净；冷了就跳出河湾，用滚烫的细沙将自己埋起来，只露着眼睛和鼻孔。有时感到细沙如粉，就会生出奇怪念头，想它如能变成面粉，我们就不会饿肚子了。我们还将河滩的青草做成环圈套在头顶，既防曝晒，又很美气，并围绕着一人高的青翠蒿草追逐，有时还会追到河岸的灌木丛中。

灌木丛中柳树居多，它是春天的信使，最早发出绿意，长出嫩芽。此时，折枝柳条，去骨留皮，让一端变薄，就成了柳哨。将其放在唇间吹响，就会发出春意盎然的声音。当柳条长得像头发般优美飘荡，几乎遮住河岸，夏天就到了。此时，在柳树和柳枝上就会有无数的知了。它们不知疲倦地吟唱，让半个村子的人都无法入眠，但这对我是一种享受，因为它们在用声音的丝线编织美梦。

马车在村子内外穿行，往往也要经过小河。

当拉着农具、人和肥料的马车从村庄起程，经小河向南山进发，那将是戏剧性场面：河水几近将车轮淹没，在轰隆隆的车水冲撞中，马匹周身被溅湿，喘着粗气，仿佛受到惊吓。稍作休息，马车向南山推进，最难的是爬上那个高坡，赶车人和拉车的马需全力以赴、齐心协力，方能爬上去。于是，我听到车夫的吆喝声和鞭打声，听到马的深沉的喘息声，看到车马与人被河水、汗水浸湿的淋漓、狼藉。

满载粮食的马车从山里回村，经过小河也颇为壮观。上坡容易下坡难，当车夫和车马控制不好，就会造成翻车局面，导致人马伤亡。所以，下高坡的车马要更加小心，方能来到河边，过河，爬上公路，安然进村。此时，被车、马、人搅动得不安的河水早已归于平静，继续着它的长旅。

顺着公路向东，一里路是上门家村，三里路是大赵家村；向西走一里路是下门家村，二里路是大崔家村，五里路是温石汤村。小河连着这些村，不知流向哪里？河水自东向西流，我们在公路上走，以河水为伴，有时顺行，有时逆旅。二十年的亲历、六十年的梦都是这样过去的，与村庄相伴的悠久历史也在重复这样的歌谣。

这条小河更多时间是平静、温柔的，有时也会成为村庄的催眠曲和欢乐之歌。但它也有暴怒，变得面目全非的时候。

那是夏天暴雨来临时，一村人来到河边，用泥包加固堤坝，防止大水淹没村庄。

我曾来到河边高处观看，那真是一片汪洋：原来的小河完全变了模样，洪水暴涨。它带着瓜果、草垛、树木、家具、牛羊，还有漩涡和泡沫，如脱缰的野马般向下游呼啸而去，并发出一阵一阵的轰鸣与怒吼。此时，还有闲人大着胆子用长杆从水中捞取杂物，偶尔也会略有斩获，惊喜和惊诧之声不绝于缕。

后来，我大哥在小河上建起一座大桥，整个村子变得方便起来，再也不用像以前那么麻烦了。

但我曾亲历的故事，不知在现在的小河上是否继续发生。

有了这座桥相伴，现在的小河有什么变化呢？它一定比以前轻松、安静、平缓了不少，但是不是更寂寞了？

精彩
—**赏**析——

　　本篇文章主要讲述了作者回忆家乡村前的一条小河的故事，以及小河的发展变化。首先，文章开篇交代了故事的时间、背景和主要人物，并引出故事主体"村前有一条小河"。然后，文章分别从河流、河湾、河床、河岸、沿河行人这几个方面，多次运用比喻的修辞手法和各种细节描写，将小河不同季节的特点、河边村民其乐融融的场面、河床洁白细致的细沙、灌木丛中的柳树、沿河出行的村民等生动形象地呈现在读者的眼前。文章结构分明、条理清晰，井然有序。其中，"在河流旁形成大大小小、各式各样的河湾，其中珍藏着无数的故事"一句是文章的过渡段，有着承上启下的作用。文章结尾主要讲述了小河的发展变化，强调现在的小河已完全变了模样。这与前文回忆中的小河形成了鲜明对比，表达了作者对小河的怀念与惋惜。

_____

村边水湾

🌸心灵寄语

> 村边的水湾早已印刻在心中，那么美好，那么望恋，那么难以忘怀。即使现在它已不复存在，但它将永远存在于"我"的记忆中！

小时候，我家住在村东南，靠村口约有 200 米。

离村口不远有个水湾，不大、不深、不规则，形状像一滴水，也成为村中的一只眼睛，透着精神、灵光、活力。

这个水湾风景如画，是我村最有代表性的地方之一。

一条小路从它西边经过，直通村里村外，与水湾形成一个"旦"字："日"字为水湾，"一"字为小路。

水湾东面是被篱笆围起的麦地，再东面是一大片绿油油的玉米地；南面是大队牲畜的饲养室，再南面是公路、小河和山地；北面是一溜儿小菜园、一排排村舍，也就是整个村庄；水湾西边除了小路，还有一条小水沟，再西边就是一大片村民菜园，足有几十家之多。

当年，这个水湾西边是我村的主要通道，也是最有特色的一个有水、有园、有菜、有花的所在。

顺着水湾旁边的小路进村，在高台上有一大溜儿老槐树，每年四五月份槐花盛开，香气浓郁四溢，与西面的菜园、东面和北面的炊烟、南面的水湾、村外的远山，形成一幅乡村胜景图。

当农人上山干活或干完活回家，他们肩挑背负，手牵孩子，嘴吹口哨，更为村口水湾及其周边景致增添了无限活力。这是最热闹的一个村庄场景。

水湾的热闹还属于那些家禽。每天早晨，当有人打开家门，就听到鸡、鸭、狗、鹅们夺门而出，喊叫声响成一片。

因为门槛高，许多体型肥大的鸭鹅不及鸡狗灵活，就会从高门槛上滚下来，然后朝水湾奔去。我就看到一些鸭鹅由于性急，走着晃着，最后竟飞起来。于是没人通知或命令，这些家禽就集体朝水湾附近赶去，似乎那里是所有快乐之所在。只经过一晚时间，它们就忍耐不住去水湾的激动与渴望。

鸡狗在水湾附近觅食和玩耍。鸡的头不断点地，吃它们能吃到的粮食与虫子，因这条路上既留有农人从山里运回粮食的遗落，也有从菜园和水中跑出的虫子和蚯蚓。

狗们主要是在家里闷了一夜，急于在村口遇到生人，于是向着马路和山里嚎叫几声，路过水湾时还探头探脑地照照自己的嘴脸。

鸭子和白鹅则有些不同，它们急于下水。

只是与鸭子的急躁不同，大白鹅始终迈着高傲的步伐，气宇轩昂地向水湾走去，一副君子风度。

鸭子和白鹅入水时，那是再舒服不过了：它们开始在水中滑动脚掌，慢慢拨动清波。

鸭子扎猛子，从很远的地方露出头，然后几乎是站在水面上，使劲甩动头部和全身，水花四溅纷飞；白鹅则要文雅得多，它们让头和长脖子像弯钩一样伸进水面，在里面做个回旋，再露出水面，柔波将羽毛抚顺，显得十分柔情。

鸭子和白鹅是水湾上长出的一个个蘑菇、开出的一朵朵花儿，其嘹亮的叫声一下子打破了一夜的宁静。

水湾虽是鸭子和白鹅的天堂，但不知为何并不混浊，也没有臭气熏天，反是水清清、明亮亮。当有风吹过，水湾还荡漾起布纹似的涟漪。

有一次，我和一个小学同学只穿一条小裤头，齐腰走进水湾，像排地雷似的往前探寻，目的是找到一两枚鸭蛋或鹅蛋。听说，有的鸭鹅来不及回家下蛋，偶尔会将蛋下到水里。

水湾多年里很少得到清理，底下形成厚厚的淤泥，加上有时会有孩子往里扔荆棘，需十分小心。

我就曾被泥里的棘刺扎了脚掌，所以少有孩子有勇气冒险进去。

不出所料，这次我们大获全胜，不仅拾到一枚鸭蛋，还得到一枚鹅蛋。

当用脚从淤泥中将鸭蛋和鹅蛋抠出，顺水洗净，那真叫一个美：它们是一种纯天然的色彩，又是那么沉着素丽。鹅蛋比鸭蛋大得多，一只手几乎握不过来，只是颜色淡得多，没有鸭蛋好看。

回到家，家中没人，我与同学将蛋打开，放上韭菜在锅里蒸着吃。其色彩艳丽，味道鲜美，余味无穷。只是在当时，觉得鹅蛋有点儿腥味，没有鸭蛋好吃。

水湾东面的麦地是用篱笆围起来的，目的是保护麦苗。

有一次，我发现有鸡鸭从缝隙中出入，于是猜想：它们是进去吃麦穗，就有可能在里面下蛋。

趁人不备，我从围篱的一个小缺口进去，在麦田里寻找鸡窝或鸭子窝。

没想到，还真让我找到了：在金黄的快要成熟的麦田深处，有一窝鸡蛋，还有另一窝鸭蛋。这在那个特别贫穷的年月，喜悦之情无以言喻，仿佛自己找到了金矿宝藏。鸡蛋像青春的容颜，红扑扑的，细腻圆润；鸭蛋如翡翠宝石，有一种纯洁清澈。然而，当我用小褂子将它们包回家，摆在母亲面前，希望得到表扬时，没想到受到严厉的训斥。

母亲批评我：从篱笆缝隙钻进麦地，这与小偷有何两样？另外，母亲让我站在鸡鸭的角度想想，它们为什么不在水边、地边，而是到麦田深处下蛋？还不是怕人找着，动物也有灵性。当它们下次再去下蛋，见自己的孩子没了，会多伤心。所以，母亲让我将蛋送回去，说这样的蛋不能吃。

这样，我就在炎热的中午，一人悄悄将蛋送了回去。

当时，我虽然感到万分可惜，但也很无奈。今天想来，母亲的话是对的，不属于自己的东西不能取，心存善心不只是用在人身上，对动物也不例外。

前几年回去，这个水湾早已不在。

据说是为了加宽路面，它早被村民填平了。

另外，除了这个路口，还在西面加了两个入口，于是这里变得平常、稀松多了。

村里，与我同辈或是长辈或许还记得这个水湾，后辈或者更多后人将永远看不到它。

于是，在遥远的北京，我的心近于颤动，我用有些发抖的手在键盘上敲下以上文字，作为一个存于心间的永恒的回忆与纪念吧！

精彩
—赏析—

　　本篇文章是作者对自己儿时还存在的村边水湾的特点、景色以及曾经发生的事情的回忆，表达了作者对村边水湾的怀念。文章开门见山，直入主题，整体概括了水湾的特点——不大、不深、不规则，形状像一滴水，透着精神、灵光、活力，与村中小路形成一个"旦"字。然后，作者分别从东、南、北、西四面讲述了水湾周围的景物。紧接着，文章又通过讲述"我"做的两件事——从水湾里拾蛋和从水湾东面的麦地里顺走蛋，表达了作者对水湾有着深厚的情感。同时，作者更是借母亲的话告知我们一个道理：不属于自己的东西不能取，心存善心不只是用在人身上，对动物也不例外。

门前水井

> 门前的水井终究是要消失了，可那井旁的淳朴的乡情永远在回忆的长河里流淌。

小时候，农村没有自来水。家用的水都是井水，是要自己去井边挑水的。

好在井离家不远，只有五六十米，路上也比较方便。

家门朝西，出来向南走十米，再向西拐弯后走五十米，就到了井边。

井在一个高台之上，要拾级而上数个台阶后才能到达。

因为周围住户较多，只有这一口井，挑水的人需要排起长队。这也成为乡村的风景，常常招来孩子们围观。

大人是不让孩子到井边玩耍的，更不让孩子来打水和挑水，因为那样做太危险了。但孩子可以远观，也可以在井台的下面与大人一起看热闹。

人们从东台阶上排队到井边。于是，这人就不自觉地成为一个表演者，台下的人一边闲聊一边观看。

男子比女子利索得多。他放下肩上的担杖，将一头的担子钩从水桶上缓下来，直接将另一个水桶提起来，向井中放下去，然后一扣，顿两下后立马就能提出满满一桶水。另一桶如法炮制。很快，他挂上前一桶的挂钩，挑起来，从西面的台阶下去，走了。这个过程一气呵成，毫无间断，浑然一体，有优雅的美感。

女子的动作往往少能如此熟练，多数都要使劲在井里上下咕咚几声才能将水灌满，向上拉提水桶也比较费劲，甚至会用腿帮忙使劲才能完成整个动作。还有的女子不会倒扣水桶，只能靠摆动水桶让水进去，结果常导致挂钩脱离，水桶沉入井底。

这就需要打捞落井的水桶。因井口窄小、水深、水桶倒扣，往往很难打捞。那时，每家用水多，也会随时用水，又无多余的水桶，一旦水桶掉到井里，又打捞不出，就很是麻烦，也极为不便。这就需要请高手来捞。久而久之，村里就会出现捞水桶的高人：将一个三齿钩子用根软绳系上，沉入井底，三下两弄就将水桶提出来，即使水桶倒扣其中也不在话下。我见过不少打捞水桶的，他们是将挂钩绑上长竿，用起来方便直接，但就是捞不上来；高手则用软绳，竟能手到擒来，如有神助。这让我明白了柔软有时比刚强更有力。

别的季节好说，到冬天，特别是大雪封门、滴水成冰时，到井上挑水很不容易。不少人没走到井边就摔在路上；有的上台阶时摔倒，铁桶摔出老远，人也摔得站不起来；有的下台阶，挑着满满一担水摔在地上，其状惨烈；还有的在回家路上，结冰的路面滑如玻璃，挑水人被摔得嘴啃雪。我那时还是个孩子，总爱冒着纷纷大雪站在井台边看光景，一颗心都悬到嗓子眼里。后来，看到老爷爷用泥沙、锯末撒在路面和井台，人们就不易摔倒，这让我既感动又佩服，还有了不少灵感。

井用久了，特别是过年前，需要淘井。方法是让几个年轻男子轮流速将井水提干，然后下去一人将淤泥、掉下的物件一起淘出，用水桶提上来。记得，由于井口窄小，井壁长满湿滑的青苔，建井人又未留下踏脚之处，上下自然相当困难。记得，当时我爬在井旁观看，大人赶都赶不走，直到下井人完成任务，爬出井口，井水不断渗出，水位提高，水面盎然、湛然，我才放心下来。那时，我想，井水是通灵和通神的，它怎能通过一眼井与人沟通，解渴、灌溉土地和世道人心，使生命滋荣生长，带给各家菜园和村庄的碧绿与果实累累。

我家有个极大的水缸，它立着比我还高，我只有踮脚或踏着小凳才能看见缸里的水。水缸粗壮，我和弟弟拉着手也绕不过来。父亲和哥哥将一担水挑进来，扁担不离肩，一手按着一个水桶，一手将另一桶水直接侧放在缸沿，将水哗哗倒进去，水缸底发出强烈的冲撞声，然后是水花四溅。另一桶水也是如此，没有落地就被倒进水缸。这个大水缸能盛好几担水呢。当水满了，我就会站上凳子，揭开盖子往里看，这仿佛变成另一口井，水深得晃眼，还有一股凉气外涌。当冬天到来，水缸里的水就会结成冰，我会将冰块捞出，与弟弟分享，放在嘴里用牙咬得嘎嘣脆响。牙虽感冰凉，但有难言的满足感。当天寒地冻，门外房檐上有冰溜子挂下来，长可达数尺。水缸的水会结成厚冰，用水时不得不用铁勺击打，否则是取不到水的。此时的水缸坚硬如铁，任用武力也不碍事。

年岁渐长，我能用半大的水桶从井中取水、挑水。当我长大，熟练掌握倒扣水桶、提水、倒水的技巧，就开始离开村庄、家乡，到外面世界闯荡，开始了新的人生。再后来，吃上自来水，水井水位下降、干枯，最后被填平，消失。这似乎完成了一个循环，也是自我否定的过程。记得当年，每当炎炎夏日，一桶水被提出井口，放在井台上，从山里回来的农民就蹲下来，手捧水桶，低下头，直接用嘴做牛饮状。于是，喝水人两腮一陷一陷，喉结一动一动，口中、肚子里会发出咕咚的巨响。一会儿，满满一桶水就剩下半桶。那真叫一个爽！口干舌燥时，我也曾这样喝过，井水真甜，让人有透心的凉爽和周身的通透感，仿佛地心泉水与人心是息息相通的。

如今，不论在城市还是乡村，人们都不敢直接饮用地下水，只能喝矿泉水和净化水。我家门前那口井早已消失，现在我只能靠记忆慢慢品味曾经的过往。

精彩 赏析

本篇文章是作者对童年时期的水井及打水情景的回忆——当时，家家户户用水都需要自己去井边挑水。作者开篇简明扼要，直入主题，用方位名词向读者介绍了水井的位置。然后作者通篇采用动作描写和场景描写，从男女打水的不同场面、水桶落井的解决方法、冬天打水的坎坷以及年久淘井的方面分别讲述了作者眼中村民与水井的渊源。而后，作者笔锋一转，通过细节描写讲述了"我"与自家水缸的渊源，年岁渐长，"我"也开始从井中取水。最后作者用一段话总结全文，表达了作者对水井的回忆，对童年生活的缅怀。

小菜园

耕地桑柘间，地肥菜常熟。

为问葵藿资，何如庙堂肉。

——[唐]高适《同群公题张处士菜园》

现在，城里的蔬菜极其丰富，应有尽有，但口感、色泽、味道、形状，都今非昔比。这让我常想起童年家中的小菜园，那个梦一样的地方。

我家的小菜园被高过人头的篱笆围成。它还有个自制门，用荆棘编成。远望，菜园的小门像一块手帕；近看，它令人生畏，刺长、质硬、严实，再加上用铁丝和木条捆绑固定，"古城门"一般牢不可破。不过，这只是防鸡、鸭、猫、狗进入，不防人，因为门与篱笆间没上锁，只用铁挂钩挂着，人可以随便打开和进出。

菜园里有畦韭菜，泥地上撒些白沙，干净素洁。当嫩芽从土中冒出头，先是一个小尖儿，像小姑娘露出头探问春天的消息，也似冬藏的老人出门晒太阳。当韭菜叶子由一变二，由二变四，直到根部发紫，就可以割用了。当被磨得亮眼的细长镰刀，探进韭菜根部的沙土，轻轻划开上下的联系，韭菜就会散发出强烈的刺鼻味道，在辛辣中有一股新鲜气息在空中弥漫。回家，将头刀的韭菜洗净，切成碎末，搭配鲜肉馅或虾仁做成饺子，鲜美无比。韭菜很神奇，它不断被割，又不断长出新叶，今年如此，明年仍如此，其顽强的生命力令人赞佩。

每年种黄瓜，都让我大开眼界。黄瓜种子下地，开始梦一样的孕育，一旦破土而出，有太阳的笑脸相迎，阳光的小手牵拉，它就开始疯长。长到一定高度，需给它插上藤条并编织篱笆，作为翅膀供其攀缘和飞翔，寻找依托和家园。这就像儿女渐长，父母有必要为他们建房盖屋或准备嫁妆。黄瓜很快开出黄花，在花的身后，紧跟着长出一个小纽结。在黄瓜的催促下，黄花只能对着风儿吹喇叭。当黄瓜长到拇指粗细，就有些楚楚动人了：头上扎着黄花，修长的腰肢，黄绿嫩皮上长满扎手的小刺儿；不用水洗擦拭，放进嘴里咬一口，满口生津，回味无穷。当黄瓜长成，在烈日炎炎下，大口地咬着吃，半尺长的黄瓜转眼间只剩下一个蒂把，只留下清脆声，多汁液，香甜可口。这仿佛是人世间美好人生的一幕话剧。

我家菜园每年必种一架子西红柿。开始，它还是个小球，随后变大，像个绿色小灯笼。终有一天，它变红了，变成了大红灯笼，这是最激动人心的时刻。除了蒂部有点儿绿，西红柿周身红润，在阳光照耀下像孩子的笑脸，也像涂了脂粉。有的西红柿呈黄色，金色一样辉煌，有富丽之美。掰开沙瓤的西红柿生吃，内里有不少籽粒，汁液充足，好看又好吃。我最爱吃这样的西红柿炒鸡蛋，它们都是纯天然的，红与黄、黄与黄、红黄与洁白完美结合，营养丰富，色香味俱全。在贫穷的年月，这几乎成了奢侈品。当秋天到来，成熟的西红柿越来越少，支架上只剩下几个难以长成的小绿西红柿。我会在秋风中把它们摘下，让菜园和西红柿架子变成一片荒芜。此时，我喜欢将未熟的绿西红柿切成块，放在大泥碗里，加上盐煸着吃。这也是一道美味，酸中透出未曾逝去的羞涩与回忆。今天，有人说未熟的西红柿有毒，那时无此意识，除了食物匮乏，也是自己好这一口。

还有茄子，我常被它震撼，也对它产生莫名的敬意。茄子多产、悠长、沉重，生长在一棵单薄的木本植物上，但我从未看到哪一棵被压弯或压断，这是一种母亲般坚韧的植物。特别是茄子的紫色充满静穆，是辛劳一辈子的母亲的脸色。

菜园南边种了几棵北花，木本像向日葵，头顶着一串紫红色的小花，根部长出瓣状球体，可食用，口感像百合，面软香甜可口。

在菜园边缘还常种些香菜，也叫芫荽。它是做饭必备的点缀，没有也不是不可以，但有了更好。香菜的颜色深绿、味道很冲，也有些怪味儿。特别是将切碎的香菜撒在汤中，有飘飘欲仙之感。

小菜园的篱笆上还种了藤萝植物，如眉豆、丝瓜、葫芦、喇叭花等，既充分利用了空间，又可获得更多收益，还增加了美感。

眉豆、丝瓜加上虾酱，与玉米面饼合吃最是美味。眉豆花、葫芦花、喇叭花有褐色、白色、紫色、红色……可谓争奇斗艳。豆角、丝瓜、葫芦悬在空中，仿佛是天国伸出的援手，也是天地间画出的一个个问号。

这是令人目不暇接的世界，其间有着一个又一个童话故事，给每个孩子以神奇和向往，也带来各种趣味。

后来，人到中年甚至向老年迈进，这些瓜果和花朵一直在我心中盛开，永不凋落，芬芳四溢。

园中自掘一井，用青石垒成，水自然渗出，清冽可饮，沁人心脾。

隔两天，我们就用小桶从井中汲水，倒在井边的一块蒲草上，清水就像长了眼睛和小腿立即动起来，顺着挖好的沟坎，向焦渴的菜地奔去。特别是炎炎夏日，土地干裂，张着一个个小嘴巴，蔬菜叶子变得无精打采，像困乏得睡着了。然而，一旦水来了，土壤与蔬菜一下子精神抖擞，周身也变得滋润了。有时，我甚至能看到在水的浇灌下，菜园中的蔬菜和果实节节拔高，一天一个样子，像被吹了气似的。这就是生命的力量，也是生长和成熟的标志。

秋天马上到来，秋风变得干冷起来，几乎所有蔬菜和瓜果都走到了生命尽头，连篱笆上的藤蔓也干缩、枯萎了。此时，唯有几棵大白菜还保持着生命的热力，像给菜园留下的一个个句号，也如一直坚守着的忠诚卫士。

白菜从几片小叶开始，一片片蓬勃向上，充满着激情与力量。当它的腰粗壮了，就用草绳给它扎腰，裹紧身体，收藏能量。在霜降和大雪来临前，白菜要入窖过冬。这颇似一个人的成长与修行。抱着一个个饱满、沉实的大白菜，那种快感难以言喻。我总在想：人长了十年还这么矮，白菜怎么就能在短短时间里长这么高？

白菜的归宿和命运让人感动。农人在自家菜园挖个大坑，将白菜一齐码在里面，白菜像生前一样站立，仿佛在抱团取暖，又像是集体修行。然后，农民在上面盖上麦秸和玉米秆，压上泥土。这样，胖胖的大白菜便进入梦乡。当需要它时，再挖开覆土，取走一棵或几棵食用。

严冬到来，菜园的篱笆也被收拾回家，成为做饭的燃料。它们曾承载藤蔓和高空瓜果的一个个好梦，如今也只能在锅底下的火焰中继续做梦，与锅中的土豆、玉米、地瓜，还有它们自己的果实一起，发出不知是欢乐还是悲哀的吟唱声。

此时，我坐在热炕头上，回味一年的光阴，回忆菜园中所有生命曾伴随着的秋虫的吟唱。

有时，实在无趣，几个孩子还会到荒弃的菜园捉迷藏。

一次，我就躲在自家菜园的枯井里，等待小伙伴寻找。结果，一夜下来，没被找到，我就在井里想：这口井曾经的拥有，还有其间游动的小鱼，现在都哪去了呢？

想着，想着，就睡着了。我做了一个美梦：冬去春来，水又不知道从哪里渗出，菜园又活跃起来，又变得生机盎然、万紫千红。

在我心灵最深处，一直没忘记我家的菜园以及与数十家菜园连成一片的更大的菜园。

那是一个美丽的蝴蝶不断翻飞、蜜蜂辛勤采蜜的地方。

精彩赏析

文章以叙述为主，开篇直入主题，借由"城里的蔬菜极其丰富，应有尽有，但口感、色泽、味道、形状，都今非昔比"引出下文作者对童年家中小菜园的回忆。作者按照从外而内的顺序，先介绍菜园的外围篱笆，然后分别了介绍菜园种植的韭菜、黄瓜、西红柿、茄子、丝瓜等多种蔬菜。同时又顺着季节的线索对白菜展开了介绍。其间，多次运用细节描写和比喻修辞描写了各种蔬菜的生长状态，且内容安排详略得当。最后，作者转回菜园荒废的现实，却又以梦再入生机盎然的菜园。在结构上，此处的枯井入梦可以与前文的回忆形成回环，前文便是结尾处入梦的内容，可谓精妙！

过年的滋味

● 心灵寄语

> 律转鸿钧佳气同，肩摩毂击乐融融。
> 不须迎向东郊去，春在千门万户中。
>
> ——[清]叶燮《迎春》

现在过年，就像吃的食品一样，越来越没有滋味了。这既是因为年龄见长，也与对传统的淡漠有关，还因为食品失去了本色。

要体会过年的滋味儿，只能从童年的回忆中寻找。

对农村孩子来说，过年在前十一个月是非常遥远的事。即使进入腊月，离过年还有些不着边际。年味儿就如旷野老人的那袋旱烟，虽浓烈但离家门还远着呢。就像腊八，民间就有这样的说法："小孩小孩你别馋，过了腊八就是年。"但腊八粥是用谷物和果实做的粥，根本引不起孩子兴趣。

腊月二十三过小年，年味儿就不同了。小年很像是"大年"的弟弟，这天是要吃饺子的。在二十世纪六七十年代，一年也吃不了几次饺子。

腊月二十六，要蒸"祈留"。"祈留"很像今天我们吃的玉米糕。其做法很有仪式感，甚至神圣感：将巨型大锅添足水烧开，再把早已和好、发开的细玉米面（有时加点白面和豆面），厚厚地摊在铺了纱布的用高粱秆做的箅子上，上下都铺盖玉米壳，再点缀几颗大红枣，盖上锅盖，始用大火猛烧。待锅冒气时，用擦布堵住锅盖四周的缝隙，将菜墩、大盆、板凳之类重物压在上面。锅底下面烧的是玉米秸秆，房间弥漫着玉米的甜香，在纯朴自然中有如在仙境。饭熟了，稍微等些时候，打开大锅，"祈留"就在锅中乐开了花，有着金灿灿、红亮亮的色泽。这时用蘸了凉水的刀割开"祈留"，分发给每个家人共享，真不枉来世上走一回。一大锅玉米糕很多，一时吃不完，主要是为过年后留用。我不知道玉米蒸糕是不是"祈留"两个字，只记得乡间这样发音，我觉得其中颇有深意。试想，一年将尽，再经数日即过年，那就用金黄甜香的玉米糕"祈福留年"吧！何况这天有个"六"，"六"即"留"也，留住美好的时光岁月，留住长长的念想。

真正进入年关，开始"吃"好吃的，是腊月二十七。别人家开始吃白面包子，我家只能吃黑面的。母亲说，黑面只是比白面"黑"，里面还不都是菜！"黑面"包子不是全用黑面，而是由一半白和一半黑合成，难做又难吃。黑面缺筋道，不像白面那样可以扯拉，也包不进更多的馅，稍有不慎就会破碎，母亲往往使出浑身解数才能完成任务。

二十八日吃白面包子，此时我眼中闪亮，除了面"白"，里面比黑面的多了一块肉——一小片儿肥肉。为了让孩子多吃包子，母亲将肉放在中间。为多吃一片肉，我就要多吃一个包子，最后肚子被撑得滚圆。

二十九日炸面鱼，也就是今天的炸油饼。那是极辛苦的工作：将平时省吃俭用的半坛子花生油倒进大锅，当被旺火烧热，母亲就将摊好的面放进去，面在油中滋滋作响。父亲就用一双长筷子不断地翻动，见到变黄变脆，再用筷子夹出。这也是一项技术活，如果掌握不住火候，面鱼很快就会变得焦煳。曾记得，父母在锅上忙碌，我在下面烧火，总被烟熏火燎得两眼通红。孩子一边风卷残云地吃起面鱼，一边让父母一起吃。母亲总是推说："早被油烟熏饱了。"

大年三十日中午，是吃米饭和凉拌猪头肉。有条件的特别是烈军属能分到一个或半个猪头。家父无奈，只能割几斤既有肥肉又有瘦肉的猪肉代之。这成为我家尤其是我和弟弟的盛宴。猪肉上来，别人还没动筷子，父亲总先让我和弟弟吃。我们先是肥瘦都吃，后来只吃瘦的，直到往上打饱嗝儿、满嘴流油为止。在整个过程中，父亲总用筷子不断给我和弟弟夹肉，他自己则只顾抽烟。等孩子们吃得差不多了，他再和母亲吃菜，偶尔会吃剩下的几块肥肉。

除夕夜和大年初一，是清一色的白面饺子，包的是白菜心。此时的饺子馅细腻、润滑、清香，美味可口。平时，母亲总让家人先吃白菜帮子，留下菜心以备过年。她精打细算，追求的是先苦后甜的人生活法。大年初一，饺子里包有一两枚硬币，吃到的有好运，可我从没吃到，但弟弟常能吃着。弟弟小心翼翼从嘴里抽出一枚硬币，白牙闪亮，满面灿然。那时，弟弟只有几岁，全家人为他的好运高兴，特别是父母满脸放光、喜笑颜开。

初一是过年的高潮。父亲很早起来，将粗大的红烛置于四四方方的八仙桌上点亮。光焰闪动，有时一跳老高，像欢呼雀跃的孩子似的，将整个房间照得金碧辉煌，给人一种生活于美梦和神话般的幸福感受。这是将平淡生活化作诗意的创造，也是父亲每年必做的坚定信仰。

那时，我家虽然穷得叮当作响，但我们一点儿都没有感到与别人家的年有什么两样，反而感到父亲很有激情，也有知足的欢乐。

父亲不让我们大声说话，以免吓跑了财神和福运。我们谨遵这样的嘱咐，将声音压得低得不能再低。但说着说着，声音又大了，父亲就会将手指放在嘴唇边，神秘地提醒："悄声一点儿，就你们话多。"我和弟弟就做个鬼脸，停止说话，静悄悄地看红光炽发，体会这神圣的时光。

天快亮了，鞭炮声在山村响起，密集时有如机关枪扫射，震动时又如炮弹炸裂，这可能与村民自制的火炮有关。

我家买不起鞭炮，给我和弟弟只买了两挂小鞭，如果将它们一下子放完，那未免太奢侈。

我与弟弟各分一挂，我们将捆绳解开，将拆下的小鞭放在热炕席底下，这样燃放起来，声音更清脆。

小鞭都穿着漂亮的衣服，像要参加节目演出似的。小鞭头顶着一个灰色的小火信子，像房顶的烟囱。用火点燃，它就会发出咝咝声，随后是一声脆响，花纸落下一地，立即给大地穿上新衣。下雪时，景色更美，小鞭的碎屑落在雪地上，仿佛是神仙下凡，红白相间，将一个新春佳节映衬得丰富壮丽，那是天空和大地交流的秘语。为达到一挂小鞭的效果，我与弟弟还抱着一大把麦秸，站在院子的高台上，点燃后将它高高举起，虽未响彻云霄，但也有噼噼啪啪的连绵之声。

乡村的拜年隆重而神圣。

人们走亲访友，踏着夜色，裹着晨曦，有时还冒着风雪，一句"过年好"的确发自肺腑。

我们都是孩子，每到一家，主人一律给一块糖，在笑容可掬中，辞旧迎新。

去姥姥家拜年是大年初二。

姥姥家离我家有三里路。姥姥早逝，姥爷、大舅、小舅、小舅妈，还有表兄弟姐妹和表嫂营造了热闹的气氛，尤其是小舅妈心地善良，长得美，给我留下深刻印象。

从小舅到大舅家，有个陡坡，下雪时路面滑，上时如履薄冰，下时顺势滑下，也是难忘的一景。

如今，我的不少亲人都已长眠地下，再也找不到以前过年的感觉了。

过年，会想起亲人，怀念故土，被儿时的回忆包裹，也在时光的飞逝中感慨万千。

童年时的过年氛围早已远去，许多风俗习惯不再；然而，那种滋味却要留住，在接过父辈、祖辈甚至古人的做法时，应该让今后的年变得更加生动起来。

精彩赏析

春节是中华民族最隆重的传统佳节，但是现在过年的年味越来越淡了。作者也深有感触，便只能在童年的回忆中寻找过年的滋味，于是有了本篇文章的创作。作者开篇直入主题，回忆童年时期过年的景象，重温过年的滋味。然后，作者按照时间的顺序讲述了过年这段日子，家家户户都在每一天准备了什么样的年货，甚至还有年货的独特做法。当然，春节的那一天才是本篇文章的重点。作者运用各种细节描写，将大年初一的热闹景象生动形象地展现在读者眼前，让读者产生共鸣。同时，也表达了作者对童年时期过年滋味的怀念。

1.阅读《童年的草莓》，回答下列问题。（10分）

（1）在四季皆能吃到草莓的今天，为何作者会对草莓失望，甚至不愿看到草莓？（2分）

_____

_____

_____

（2）如何理解文中所说，"草莓的色彩一直在我心里流淌，草莓的火焰一直在我心中燃烧，那是一条理想的梦的河流"。（4分）

_____

_____

_____

（3）"我"为什么如此珍爱草莓？（4分）

_____

_____

_____

_____

2.阅读《槐花开落》，回答下列问题。（10分）

（1）作者讲述村民肆意采摘槐花的场景有何意图？（4分）

_____

_____

_____

（2）作者分别在文章开头和结尾提到"母亲和姐姐"有何用意？
（4分）

_____

_____

_____

_____

（3）文章最后一段有何作用？（2分）

_____

_____

_____

_____

3. 写作训练。（60分）

　　菜园里有畦韭菜，泥地上撒些白沙，干净素洁。当嫩芽从土中冒出头，先是一个小尖儿，像小姑娘露出头探问春天的消息，也似冬藏的老人出门晒太阳。

　　在童年家乡生活中，你是否有着温煦和风般的美好记忆？请以此为主题，写一篇文章。题目自拟，文体不限。字数：600~1000字。

母亲的细节

💮 心灵寄语

> 人的嘴唇所能发出的最甜美的字眼，就是"母亲"；最美好的呼唤，就是"妈妈"。
>
> ——［黎巴嫩］纪伯伦

母亲去世已经 40 多年，那时我还是个少年。

母亲没留下一张照片，至今她的容颜渐渐模糊，但几个细节还非常清晰，常在我眼前晃动。

母亲属龙，1928 年生，共育有六个子女。她身为农妇，生活在社会最底层，又赶上那个特殊年代，家境的贫困窘态可想而知。

不过，我从未听母亲抱怨过，也没有悲观，总给我留下匆匆忙碌的身影。每天早早起来，做好一大家人的饭，就听到房后有声音高喊："法他妈，你快点，我们先走一步。"这是邻居一位婶子叫我妈上山干活，而"法"是我大哥的名字。于是，母亲就急应一声："来了。"其声音穿过屋子和天空。此时，母亲年轻，精力正旺，她一下将做饭的大锅盖拉开，在烟雾缭绕中从里面抓出两块地瓜，一边快速用手倒来倒去，一边用备好的手绢将它们包好，麻利地系在篮子的提手边。接着，再盖上锅盖，边嘱咐我们边朝外跑。在急切的开门、关门、脚步声中，母亲渐渐远去，想是在全力追赶同伴，也绝不能晚了上工时间。在我的童年生活中，这是常有的一幕，每天早晨多是如此。母亲像一阵风，也如陀螺，在有限的时间里飞奔旋转，而且是加速度的。那时，我看到的主要不是母亲的真实面孔，而是一个侧影、一个剪影。

从山里回来，母亲又要赶做午饭，因为父亲、哥哥下午还要出工，我和弟弟饿着肚子。我不知道母亲是否吃过早上带的两块地瓜，什么时候吃的，在追赶的路上，还是中间休息？午饭，母亲也很难好好坐下吃，仍在匆忙中度过。直到下午放工回来，她才拖着疲惫的身子，将节奏放下来，慢慢做晚饭。晚饭除了地瓜，在锅沿上还会贴两个玉米面饼子，很薄的那种，有点像纸，显然是地瓜的点缀。开始，母亲让我帮着烧火，为了省事，我就用好草好柴，既能催起锅，又图省事，还可欣赏大舌头般的火苗舔着锅底，并发出噼里啪啦的声响。盖上锅，母亲就支开我，自己烧火。她一边数落，嫌我不会过日子，只从大堆抽好柴烧，说这样会坐吃山空。一边拿个小笤帚，到院子内外的草垛边上扫啊扫，将收拾回来的草末麦糠放进锅底，这样反反复复，一顿饭就做好了。后来，我生活俭朴，从不浪费，碗底不剩一粒米；我总爱在吃完的菜碟中加点热水，将菜汁喝掉；也会捡起落在饭桌上的米粒，这都与母亲的节省有关。

乡村的夜很长很长，这在孩子是最舒服的，母亲却总在熬夜。有时，半夜醒来，母亲还在做针线，缝补一家人那些破衣烂衫。在昏暗如豆的灯光下，母亲双眼通红，用针抽拉着线，高过头顶，线顺从地随着母亲的手行走，在静夜中穿行。为使针尖更尖锐，母亲还将针放在头发上慢慢蹭，贴近头皮，顺着头发，像在梳理，又像是一次自我清醒。不知母亲体内有多少能量，她竟能没白没黑地劳作，夜以继日。有时，我看到母亲在织花边：一个桌面似的工作台，下面安了三条腿，母亲通过不断拨动那些木头小棒槌，用线织成花边图案。母亲好几个手指都缠了胶布，棒槌在手中左右跳动，线不断结出一个个图案。因为不时要用大头针固定新织的线，每当手指按下，母亲都会咬紧牙关，手指被扎得钻心痛。就这样，花边图案在扩大，由原来的点、线、面开始，一朵一朵盛开，最后织成一张大饼似的大花，母亲的工作就算完成。我本以为，母亲该睡了，想不到她又开始编织新的，实在没耐心等待，我又睡着了，蒙眬中只听到母亲的手仍在案台上与棒槌一起跳动。今天，每看到茶几或沙发扶手上的花边饰品，我都会想起母亲以及仍在深夜灯光下劳作的所有天下母亲。

操劳过度的母亲终于支撑不住，在我7岁那年累病了，倒下了。6年后，母亲走到了生命尽头。

母亲叫赵美云，小名为"凤"，只活了49岁。她那个美丽的名字如同年轻时的美貌，很快烟消云散了。不过，有关母亲的细节像刀刻般留在我心里，那是一个没有文字的纪念碑。

精彩赏析

本文是一篇记叙文。文章以"母亲去世已经40多年，那时我还是个少年"这一句开篇，奠定了全文基调，可以看出本篇文章是作者对已经去世的母亲的缅怀。而后，作者又用简单的两句话交代了母亲的基本情况和故事背景，便于读者正确解读文章。全文多处运用动作描写，"拉""抓""倒来倒去""包""系""盖"等词语，将母亲忙碌的一天生动形象地呈现在读者眼前。同时，多处运用细节描写和比喻修辞，将母亲的一举一动都刻画得栩栩如生，仿佛这位母亲就在我们眼前一样。文章短小精练，人物塑造生动形象，细节刻画细腻真实，充分表达了作者对母亲的思念之情。

我的姥爷赵国记

🌸 **心灵寄语**

　　我手上没有一张姥爷的照片，但在我心灵的底片上，一直珍藏着他的慈爱与音容。在我的心里，一直是装着姥爷的，并没有忘记他。

　　每人身上都有两条"根"，一是父系，二是母系。

　　所不同的是，有人与父系联结得紧，有人与母系的关系密。

　　我的爷爷、奶奶在我记事前就去世了，我对他们记忆不深，也没太深的感情。姥姥死得更早，谈不上印象。姥爷活了84岁，他是在我读大学时辞世的。在艰难的岁月，姥爷像根坚韧的丝线牵扯着我们这个风雨飘摇的家，没有让它像风筝一样跌落。

　　对于姥爷的家史我不甚了然。据说，以前是个富康之家，到姥爷这辈成了地道的农民。

　　不过，在我眼里，姥爷不像农民，更像个教书先生。他高高的个子，白白净净，像一棵高耸入云的白杨树。直到晚年，姥爷背驼腰弯，仍让我感到高大直立、脸面丰颐。

　　姥爷有佛相，慈眉善目，平和从容。在我记忆中，姥爷从没发过脾气，就像春天的杨柳，春来了，有了绿意，他就在春风中柔顺飘拂摇动；即使进入严冬，在狂风怒吼中，叶可落，枝可断，身心却仍在飘扬。姥爷还像那柳树，很少发出刺耳怪异的尖叫。

其实，姥爷一生并不顺遂。小女儿8岁夭折，长女30多岁去世，长子早逝，后来是姥姥的离世，这要承受多大痛苦和肝肠寸断。然而，在我这个孩子眼里，没看出姥爷有什么痛苦，他的脸上还是那样平淡自然。

姥爷家与我家相去不远，只有三里路。平时，妈妈不让我们孩子去，怕惊扰了姥爷。每年大年初二，我们都到姥爷家拜年，那是一年中最快乐的时光。

听母亲说，她和我父亲刚结婚时，家里一贫如洗。每当逢年过节，姥爷总是肩挑驴驮，将锅碗瓢盆、柴米油盐送过来。

母亲还说，我家南屋就是姥爷和小舅用小毛驴一砖一瓦"驮"出来的，并叮嘱我们长大后不能忘了姥爷和小舅。

也许，在那个年月，女儿在姥爷的心中很重，那是他生命之希望与寄托，是迷顿与苦涩人生中的定海神针。

今天想来，我甚至觉得，或许在姥爷心中，在通向女儿家的路上才有光亮与美好闪现。

但这一光亮很快又熄灭了，母亲英年早逝，在49岁的美好年华就匆匆离世。

那时我还小，不知道在年近80岁的姥爷心中有何感受。是漆黑一片，天旋地转，还是彻底的绝望？

不过，母亲去世后，姥爷并未放弃通往我家的路，他仍一如既往在三里远的道路上不间断来去。

当甜瓜李枣、柿子桃子、核桃栗子、苹果樱桃上市，姥爷总是趁着新鲜用篮子亲自送来。我看过姥爷的用具，那是一根光滑如玉的木棍，上面一端刻有深痕，以绳绕而系之，再将绳子拴在篮子提手上，用肩头背来。

我不知道，这一路上，姥爷背着满满一篮子水果，是否停下来歇过，换过几次肩，喘过几口气，是什么力量让他不断地往返来去？

作为嘴馋的孩子，那时的我并不懂得。后来，我常想起姥爷，回味他以古稀之年背驮水果在路上跋涉的身影，感动于姥爷在失去女儿后仍未间断将目光与心思投向外孙和外孙女，直到他过世为止。

母亲去世时，姐姐只有16岁，姐姐仿佛代替了母亲的位置，一心向着姥爷。

姥爷是个干净得有些洁癖的人，虽是农民，但一尘不染。他裹着绑腿，从不上炕，即使姐姐将姥爷的鞋脱下来，他也不脱袜子、不解绑腿。

姥爷还带着白手绢，咳嗽和吃饭时还会拿出来用，他唯恐将东西弄脏或担心别人嫌弃似的，是一个明理知趣的老人。

姥爷每次来，姐姐都给他做荷包蛋。一般是八个，要不就是六个。

姐姐先用葱姜在油中爆锅，然后加水煮沸，将鸡蛋打进去，熟了加韭菜和香菜出锅。

记得，当年我家有只母鸡，下的蛋从不卖，我们自己也不吃，总给姥爷留着。

我家盛放鸡蛋的篮子精致漂亮。鸡下一个蛋，姐姐就赶紧从鸡窝里捡回，用软草和布条擦干净后放进篮子，再用粉红手帕盖好。

趁姐姐不在，我曾伸手到篮子里摸过，鸡蛋光滑、温热、圆润。我也曾打开盖巾，鸡蛋个个饱满、红润、透亮，仿佛商量好了聚在一起。

我家可能缺米、少盐，却一直不缺鸡蛋，因为姥爷随时会来。

当姥爷吃蛋，我和弟弟就喝锅里剩下的少许菜汤。不过，每次鸡蛋上桌，姥爷总让姐姐再拿个空碗，非拨出两个不可，因为他心下明白，厨房里还有我和弟弟两双眼睛呢！

姥爷从不在我家留宿，母亲生前死后都一样。遇到留宿，姥爷总说："金窝银窝不如自己的狗窝。"不管天多晚、夜多黑、路多崎岖，他一定坚持回家。

后来，听人说，姥爷在村里是出了名的"愚人"。不管别人问什么，他总说"好"。饭后，在村口晒太阳的老人问："国记，今天吃的什么？"姥爷就说："馒头。"由于不假思索，久而久之，自然就露了馅，因为一个人不可能总吃"馒头"。再有人问："国纪，儿子儿媳对你好吗？"姥爷总是说："好，跟亲生的没啥两样。"

人们就会笑起来。站在外人角度看，儿媳妇如何能跟女儿相提并论？更何况，姥爷的话中有误，难道"儿子"不是亲生的，怎能与"儿媳妇"一样，和亲生的没啥两样？

也许人们笑姥爷的"文过饰非"，也许在笑他话中的语法错误。

表面看，姥爷的话有点愚笨，但我知道他的心里跟明镜似的，他这样说是真正的聪明人。

家乡有句古语："外孙狗，吃了就走。"意思是说，外孙永远没法跟孙子比。

我觉得此话有理。在我考大学那几年，疲于应付学业，没时间看姥爷；考上大学，姥爷去世了，我没为他送终，也没给他守灵。至今数十年过去了，我再没踏上姥爷的村庄，更没到过他老人家坟上去。从传统观念看，我是无情无义，也自认是条"外孙狗"。

不过，作为一个多年在外的漂泊者，我并不迷信，也不在乎那些形式，只想说明一点。在我的心里，一直是装着姥爷的，并没有忘记他。

我手上没有一张姥爷的照片，但在我心灵的底片上，一直珍藏着他的慈爱与音容。

这篇小文也是一张小照。当闲着无事，它或许能让人们看到一个可爱的姥爷以及由此想起自己的姥爷。

精彩赏析

文章借用开头一句话，"每人身上都有两条'根'，一是父系，二是母系"，引出作者与姥爷的联结，且过渡自然，逻辑清晰明了。全文采用记叙的方式描述了作者所了解的姥爷的形象，并讲述了一些作者与姥爷之间的小故事。作者虽然以第一人称"我"的角度讲述故事，但是全篇并未使用煽情文字或句子去表达作者与姥爷的深厚情感，而是通过客观的讲述将姥爷的人物形象真实、完整地塑造出来，加之对姥爷各种细节的描写，使人物更加立体、故事更加可信。同时，作者还在文中穿插了一些"从母亲那里听说""听人说"的关于姥爷的形象或生活细节等，令读者深入其中，深感其情。文章最后，作者非常巧妙地借用家乡古语"外孙狗，吃了就走"，对比烘托出对姥爷的怀念之情，可谓妙极！

心 灯

❀ 心灵寄语

> 日月是天地的灯，不然就漆黑一片。父母是子女的灯，否则言行就失范。老师为学生掌灯，这样可避免心中黯淡。老师是用知识、思想、精神和智慧将学生的人生照亮的。

上大学前，我的人生路崎岖不平，可用漆黑一团形容。不过，有一人对我影响很大，如心中的明灯照我前行。他就是我的中学老师刘有兴。

刘老师是我的班主任，我是我们班的班长。

那时，我个子小、貌不出众，父母都是农民、家境贫寒、母亲早逝，情绪低沉，前途一片渺茫。至今，我不知道，刘老师为何让我当班长？是我初中当过班长，还是中考成绩出众，抑或是他从我身上看到某些潜质？

是刘老师开启了我的人生大门，让我感到天地之宽，对未来充满信心，生活的光焰在眼前不断闪烁。

我家离这所乡镇中学7里路，每次步行来去，在学校寄宿一周，周五回家，周日返校。有时走大路，有时走山路。多与同学结伴同行，一路欢歌笑语，野花遍地，天有流云，地有溪水，脚下是沙沙声，这些都让我身心愉悦，挥发着青春的光泽。

到校门口，要爬一个长长的高坡，每次都有攀登感，有一种前途广阔和充满希望的喜悦。那时，我们七七级共招收四个班，我所在的二班，在攀上高坡后，左拐，就是一段平地，两相比较，每次都有一种"世上无难事，只要肯登攀"的感动。然后右拐，经一班门前，第二个门就是我班。三、四班要在攀上高坡后，直走，过一个中院，再上高台阶，才能到达平地，两个班级分布于此。我村有好几位和我一起考上这所中学，但他们多在三、四班，这些同学有王春强、王有杰、王春田、王海英、孙贵友等。如今，有的同学已去世，有的多年不见，留下的多是美好回忆。

40年过去了，至今我还记得我们二班的班委和分工情况：刘更生是书记，我是班长，刘全波是副班长，陈维芹是学习委员，张长庚是劳动委员，刘建芹是卫生委员。不知道这些班委还有班主任刘老师是否还记得这些？

刘有兴老师体形健美，有运动员的线条流动感。因为喜爱运动，他除了篮球打得好，还是短跑健将。他不高不矮的个子，走起路来，头微侧而高昂，双手笔直在两侧前后轻摆，脚步稳健轻快，仿佛一直在踮着脚曼舞，给人一种欢欣鼓舞的节奏感。刘老师眼睛闪亮，头发乌黑，前面两颗门牙有些黄，可能与家在几里外的温石汤有关。据说，常喝这里的温泉水会导致牙齿变黄。

刘老师教物理，他讲课不慌不忙，咬字清楚，常将音调拖拉得很长，有一种强烈的节奏感和音乐感。他曾说过两句话，像镌刻在我记忆里，常在耳边回响。一句是："两辆列车相向而行。"另一句是："火线接开关，地线接灯头，接通开关和灯头。"

第一句被分成前后各四个字吟唱出来，其时间差少说也有三秒，是一个让人期待的大大的停顿。而前后四个字中的每个，又都被重点强调出来，像钉钉子一样铿锵有力，还伴有刘老师坚定的手势。后来，每当看到相向而行的两辆列车，我都会想到刘老师这句话，对于人生也有了某些长长的期待与联想。其实，在许多时候，人们难道不是"两辆列车相向而行"吗？有时遇到，但转瞬即逝，可能再无机缘见面。就像我们这些曾在一个班级、一个年级、一个学校的同学，一生也不一定再能见到。

第二句在表述上并无特别，内容是关于物理基本常识的，但它总在我心中跳跃，也让我品味出其间所包含的人生哲学。"火线"与"开关"，"地线"与"灯头"，"火线"与"地线"，"开关"与"灯头"，它们之间的关系有些绕口令般错综复杂，弄不好就是一团乱麻或一团糟。然而，经两个五字一组、一个七字一组的三个衔接，一下子变得清晰明白、通俗易懂。这对我后来的学术研究影响甚大，也启示了我的人生哲学。有多少人生往往接不好线，错把"火线"与"灯头"连接、"地线"接上了"开关"，从而失去亮丽的风景与生命的五彩。

高一上半年，我的学习成绩还好，在班级乃至学校名列前茅。不知为何，下半年成绩开始下滑，于是感到焦虑，睡不好觉，对学习影响较大。对此，刘老师可能有所不知，我也没找他说明。因为那时连我自己也搞不懂，原因在哪？是放松了自己，还是有些扬扬自得，或是没处理好青春期的情绪？很快到了年底，在全县重点班考试中，我所在的乡镇中学考上36人，我位列其中。不过，当时虽不知具体名次，但我心知肚明，自己的成绩一定不会理想。

第二年，我到离家20多里路的重点班上学，全力投身于准备高考。没考上重点班的继续在原中学就读，刘老师仍在镇中学教书。

我是我村唯一一个考上重点班的，所以还有些庆幸和自豪。不过，第二年，我的学习成绩继续下滑，到 1979 年高考前，竟成为班级的倒数几名。

高考失利后，我感到极为痛苦迷惘。那时，乡镇中学发来通知书，让我去那里的复习班复读。没想到，复习班的班主任是刘有兴老师。我知道，这其中一定有刘老师的关爱。他看到我落榜，特意又将我收在门下。也许是缘分未尽，我的前行受阻，只能退一步，跟着刘老师继续修行。

经一年的复习考试，我仍一无所获，连中专也没考上。我羞愧难当。然而，刘老师从未责怪我，更没看不起我，只好言相劝，满是关爱的目光。我知道，此时的刘老师对我也是爱莫能助的。

后来，我又接到一个复读通知书，是离家 80 里的一个乡镇中学发来的。那天，我去找刘老师，征求他的意见。前两次我一直考理科，这次是文科复读班。据说，那里集中了全县较优秀的老师授课，但我犹豫不决。刘老师看了通知书，建议我趁机改文科。他说："我儿子也是学文的，文科没理科招生多，但你的文科不错，特别是语文好，我觉得你更适合学文。"遵从刘老师建议，我弃理从文，远赴异乡，开始了新征程。

这一年我又没考中，但离分数线很近。1981 年下半年，我又接到蓬莱二中文科重点班的复读通知书。经两年周折，我又回到这个重点学校。幸运的是，第二年我终于考中。当我拿着高考录取通知书去见刘有兴老师，他喜出望外、喜笑颜开，一边祝贺，一边情不自禁说："兆胜，你和我儿子同光考的是一个学校、一个系，到时候你去找他。"刘老师的儿子刘同光在 1979 年考入山东师范大学中文系，我也被录取于此，可谓无巧不成书。

到了山师，我得到同光兄的生活照顾和学业指导，对于书法的酷爱就受他启发引导。特别是考研一事，他功劳最大，具有决定性作用。二十世纪八十年代初，考研还没形成潮流，我那时热衷于从政，做了好几年学生会干部。然而，毕业后回烟台工作的同光，亲笔写信让我考研，并谈了自己对未来社会发展的看法。我觉得他说得在理，立即改弦更张，今天我的学术人生之路离不开当年同光兄的点拨。回想当年，刘有兴老师让我由理科转文科，是英明之举。我的两个人生转折点竟与刘有兴老师这个"因"有关。

前几年，在烟台举行的刘同光书画展上，我又见到刘有兴老师。他高兴极了，满面春风对我说："听同光讲，你现在很有成就，但不要骄傲，继续努力啊！"接着又说，"同光这小子真厉害，太有毅力了，不得了！不过，不能骄傲，还要继续努力！"在这种夸赞中，既充满自豪，又包含永不知足的期望，一个是他曾经的学生，一个是自己的儿子。从中，我也看到刘老师的内心世界以及他的人生观。我甚至能感到，刘老师内心一直没放弃对我的关注和希望，即使在我最失落、令人沮丧的那些年月。多年来，我主要与同光兄保持联系，疏于同刘有兴老师往还，但他于我一直有父亲的感觉，我心中总是将他作为一种无形的前进的动力。

日月是天地的灯，不然就漆黑一片。父母是子女的灯，否则言行就失范。老师为学生掌灯，这样可避免心中黯淡。

父母对子女往往用情至深。但老师比父母更伟大高贵。因为对于学生，老师没有血缘关系，他们是用知识、思想、精神和智慧将学生的天地人生照亮的。

刘有兴老师是我的心灯。他可能不像我的硕士和博士导师那样，成为我学术研究的引路人，但却点亮过我的心灯，特别是在我最纠结、困惑和举步维艰时，默默给我以援手，施以深沉的爱。多少年过去了，刘有兴老师在我的人生中从未缺席，在我心中有难以言传的分量。

他一直在照耀着我，不论我走到哪里，白天还是暗夜，特别是在那些孤寂无助、进退维谷的日子里，总有一种无形的力量激励着我。

精彩赏析

刘老师如心中的明灯照"我"前行。开篇点题，使文章主题鲜明，奠定全文感情基调，也是文章的中心句。而后，作者在进入主题前提出了自己多年来的疑问"刘老师为何让我当班长？"这一疑问是全文的一个插曲，不仅制造悬念，激发了读者的思考和阅读兴趣，而且引出后文对此疑问的解答，同时增加了文章的真实性和可靠性。后文又按照"我"家、学校、教室、班委分工，分别简要介绍了作者记忆中的画面，一方面是为了引出本文的主人公刘老师，另一方面表达了作者对校园生活记忆之深刻。然后，作者详细地介绍了刘老师在自己成长过程中给予的各种支持和帮助。直到文章结尾，作者的情感得到释放，充分表达了对刘老师的感激和爱意，同时照应文章标题。

内弟也是弟

> 我与内弟之关系，有如春风化雨。我仿若一棵禾苗，需要风时，他便是风；枯槁时，他变成雨；累了、厌了、倦了时，他给我前行的动力。

我的人生转折点要从婚恋始。之前走在崎岖山路上，之后则踏上坦途。

中学女同学后来成为我的妻子，岳父母大人则是我与女同学结识前认识的朋友，内弟则是我生命中那个时隐时现的贵人。

第一次踏进女同学家，是考完大学后无事可做。女同学父母给我写信："高考完了，没事就到我家玩两天。"那时，虽与女同学同班，但没说过话，她也不知道，我与她父母早成了朋友。所以，当我骑自行车经80里的山路来到她家，女同学竟有点摸不着头脑，后来听说因我到来，她的亲戚朋友都认为，我是她父母包办的女婿，都全力反对。

这可以理解。不要说我家徒四壁，一无所有，就是像麻秆般奇瘦的样子，也与女同学很不般配。所以，在女同学的亲戚中，有的主张不让我进门，有的催我早点离开，还有的甚至提出将我赶走，以防止对女儿不利。最让我难为情的是，女同学对我的到来并不欢迎，几乎没跟我说几句话，只出于礼节应付一下。

让我感动的是女同学的父母，他们问寒问暖、热情款待，为我做各种美食，这是一个寒门子弟从未吃过也没见过的。至今，时光已过去近40年，那次远行留给我的温暖仍没散去，如严冬过后那一河流动的春水。

最值得感念的是女同学的弟弟。那时，他还是个13岁的少年，对我的到来不仅没排斥，反而充满善意。或许是他第一次感到兄长般的珍贵，或是前世有缘，他的话不多，也没表示亲近，但明亮的眼神、白净的肤色、英俊的面庞、有礼貌的举止，对我是最好的欢迎。

那天，女同学的母亲做的馄饨，一大盆上桌，晶莹、白亮、香气扑鼻。正当大家吃得起劲儿，女同学的弟弟放下碗筷，有礼貌地说："大哥，你慢慢吃。"说完出去了。可是，当我们放下碗筷，他又回来笑着说："你们不吃了，我再来一碗。"后来，当我成为他的姐夫，岳母就提起这个细节，并说内弟从小懂事，自小到他姥姥家，从不讨要任何东西，即使姥姥和姥爷主动给，他也推说家里有。这次，担心客人吃不饱，他就先放下碗筷，见剩下了，又回来吃。为此，岳母夸赞儿子，说他有眼力见儿，为他竖起大拇指。

当我成为他的姐夫，内弟与我的感情历久弥新。多年来，我们之间从未有过哪怕一丁点儿争吵或不快，见面总是亲如兄弟，眼神、手势、说话等都是欢快的，像春风吹拂着柳枝，也像植物在阳光中滋荣，那是一种万里清秋、水平如镜的感觉。最让我感动的是，每次来京，他总是以领导口吻嘱咐姐姐："一定照顾好大哥，照顾不好，拿你是问。"严肃中有幽默，仿佛他是我的大舅子，不是小舅子。

前些年，我身体状况不佳，体重从147斤骤降到115斤。这让内弟着急万分。开始，我不以为意，因为在北京普通人到医院看病太难了。一次，我去医院检查血糖，竟从 7 点多排队到 11 点半。内弟却以严厉的态度，迫我放下工作，全面进行查体。他先为我在山东的医院奔波，后又陪我回到北京大医院复查，直到有天晚上，他打来电话叹息道："大哥，现在可确定你身体无大碍，我今晚可睡个安稳觉了。"我莫名其妙，问他何故，他说："这半个多月，医生一直怀疑你胆囊长东西，所以要反复核查。现在疑虑排除，我悬了十多天的心终于放下了。"听到这话，我非常感动，作为内弟，他竟悬着心悄然为我忙活了这么久！

因在西藏挂职数载，内弟近来头发白了不少。年轻时，常为他那一头浓密的乌发称赏，现在看着他有些斑白的头发，感到非常心疼。我们都已年过半百，生命的痕迹像水从玻璃上流过，那是一种紧紧相依的感知与存在。内弟自少年到中年，心中一直有我，这次我的身体能很快恢复，离不开他的力挽狂澜。如说是他从生命线上将我救起，擦亮我后来的人生，亦不为过。

内弟上大学时，有个寒假过后，因买不上座位，他是站着从济南回东北的。多年过去了，每当想起此事，我周身都在战栗。一是心疼他，当年是怎么站了十几小时？二是自责，那时连买个座位的能力都没有！今年春节过后，我们从家中各自踏上归途，坐在快如流水、舒服至极的高铁上，又想起往事，禁不住给内弟写了两首诗。一是："通途千里如水流，高铁远胜绿皮笼。想起站着回东北，至今心中如纸皱。"二是："转眼已过三十秋，声名远播多业功。愿君再接与再厉，心系民生雁声留。"内弟从政多年，所到之处关心民生疾苦，所以有几句勉励语。

我很想写篇文章，题目是"假如世上没有风"。有时，我愿将内弟和我的关系以及他对我的好，比成春风化雨。试想，没有他的接纳、关爱和激励，就没有今天的我。像一棵禾苗，我需要风，他来风；我干渴，他下雨；我累了、厌了、倦了，他给我前行的动力。

也许在他觉得，这没有什么；但在我，却是内化于心的。

精彩 赏析

本篇文章采用了总分总的结构方式：开篇点出故事主题和中心，"内弟则是我生命中那个时隐时现的贵人"；中间分别从日常生活和生病时期讲述了内弟对作者的支持与关照；结尾处，作者运用比喻、排比的修辞手法，将自己比作一棵禾苗，将内弟比作风、雨，生动形象地表达了作者对内弟的感激之情。作者在行文中，通篇未借用华美的文字煽情，而是选用平实的文字，采用平铺直叙的方式直观地讲述了与内弟的渊源，只有结尾处用了比喻的修辞手法表达情感，可谓是全文的点睛之笔，为文章增添情感色彩，同时令人深有感触。

同学情长

> 同学聚首时，我们仿佛又回到了往昔。那些青春岁月，有光、有色、有滋、有味，还带着难以言说的迷离及遥不可及的五彩的梦幻。

1982年，从蓬莱二中考入山东师范大学中文系的一共有四人，除了我，还有一男两女。男的姓柳，女的一位姓丁，另一位姓戴。我与丁同班，柳与戴一个班，后来柳、戴成为夫妻，其中的缘分可谓深矣。

我们四人在节假日经常一起出游，去过大明湖，登过泰山，还在淄博实习过，所以留下很多照片和友情。那时，我们都很年轻，生命力旺盛，情感真挚，富有理想抱负，所以感情非常之好。至今还记得，我们去泰山，夜里在雨中披着雨衣偎依在一起，等待第二天看日出的情景；也记得，我们每年放假一起乘车回家的情状；还记得，毕业后，我住在八里洼，与丁姓女同学很近，常相往还的美好时光。淄博实习后，戴姓同学赠我两件礼物：一是黑色的陶瓷盘，上面有只褐色的牛，一朵翠鸟儿般的花朵；二是两只圆形的琉璃镇纸，上面有绿色饰品。数十年来，我自济南到北京，也搬过无数次家，这两件赠品都珍藏着。每次看到它们，都想起美好的四年大学时光，以及我们四人的友谊。

在此，我要特别说说这位柳姓男同学，他是另一班的班长，所以我总叫他柳班长。因我俩特能玩到一起，许多美好时光都是我俩营造的，青春与激情、现实与梦想、真诚与温暖，一直在我俩身上闪烁，即使现在快 60 岁了，也依然如故。

柳班长属于时髦潇洒、多才多艺、很招女孩子喜欢的那一类。大学期间，他最早穿喇叭裤，留自来卷长发，喜拉手风琴，尤其在女同学簇拥下，长发飘飘、一甩一甩将音乐奏得美妙动听。他还爱摄影，下晚自习后，一人在宿舍楼梯口的小暗屋里，捣鼓那些黑白照片。另外，他还愿意游玩，常去大明湖划船，与戴同学结为连理估计就是划船划到一起的。试想，那时的同班同学恋爱者少，最后能修成正果的更少。他俩是我们中文系 82 级仅有的一对夫妻。

我与柳班长最契合的一点是好玩，即以不正经方式享受彼此快乐的感受。比如，晚自习后离睡觉还有好长一段时间，于是我俩就围着校园转，在操场上闲逛，天南海北胡吹乱说，有时连我们自己都感到离谱。那时，他喜欢抽烟，手指间老夹着支香烟，红光在夜间炽发，像我们的话题一样新鲜。一次，我们突发奇想，看能否在校园灌木丛中找到谈恋爱的男女，结果赶起好几对。白天，我俩还喜欢到校园外，坐在台阶上，看路上的车水马龙与人来人往，并发表自己的高见。有一回，我问："柳班长，你知道我看到飞驰的小汽车有何感想？"他看着我，摇头。我让他猜，他仍摇头。我就说："我多想用一种神力，只用两个指头——食指与中指，就可将那辆得意扬扬的小汽车撬翻。"说完后，我还用手向他做示范动作。于是，我俩哈哈大笑，笑声中透出怪异与叛逆，也宣泄着青春的余力。

现在想想，这一举动有些不健康，但也确实是那时的真实感受和自过嘴瘾的方式。记得，为了当律师，我们还练习嘴皮子，看谁能出口成章，说话像风卷残云一样。对俄罗斯文学中《一个官员的死》，我能以极快的速度背诵，语速之快匪夷所思，恐怕就要归功于青年时代我们的无聊与空洞。

有趣的是，我一直想从事书画创作和研究，做梦都想；然而，至今却被绊在文学的天地。柳班长正相反，当年他让我到他班给同学讲书法，别人都拿着毛笔蘸着墨汁认真跟我模仿，他却站得远远的，抱着双臂看热闹。可是，他从大学毕业应征入伍，到从旅长位子上复员转业，现在竟干起美术馆的领导，这岂不是个天大的笑话？后来，我跟他说："柳班长，当年你若跟我练书法，现在就派上用场了。"他回敬道："我后脑勺又没长眼睛，谁知道命运会这样跟我开玩笑？"不过，听说柳班长当上美术馆的领导后，夜以继日全身心投入工作，对书画艺术也渐渐喜爱起来。其实，柳班长非常聪明，干一行爱一行，到哪里都能跟人打成一片，将事业开拓创新出新天地。

我们俩都快退休了，平时因忙得不可开交，所以相见时难，只偶尔在微信上消遣一下。我一旦有好玩的视频，首先想到的就是柳班长，于是我俩的微信交流就变得妙趣横生。我与柳班长是属于能胡闹到一起，但不出格，又有意思的那种。只要我俩在一起，创造力就非常旺盛，有时可达到妙语连珠的地步，生命也因此生动灿烂起来，如枝条上那只颤动着翅膀的彩色蝴蝶。

前年回济南，我们四位老同学得以聚首。饭菜可口不说，满室的灯光与温馨气氛，似乎让整个空气浪漫起来。我们仿佛又回到往昔。那些青春岁月，有光、有色、有滋、有味，还带着难以言说的迷离及遥不可及的五彩的梦幻。此时，我们的儿女都已长大成人，都到了我们曾经的年纪，许多语言似乎已经多余，剩下的只有无言的静默与倾听的美好。

精彩赏析

文章题目简明扼要，直入故事主题"同学情"。作者先对故事情况做了简要介绍，紧接着便以回忆的方式呈现了作者上学期间与三位同学经常外出游玩的场景，令读者感同身受，深刻感知同学间的深厚情谊。然后，作者分别从外貌、兴趣爱好等方面详细介绍了其中一位同学——柳班长。其间，采用多种细节描写，将作者与柳班长之间的互动描绘得活灵活现，仿佛就发生在读者眼前一样。文章结尾处写到了四人相聚的画面，仿佛回到往昔青春岁月，但此时大家早已不是曾经的自己了，表达了作者对此情此景的感叹。

密友难觅

🌸 **心灵寄语**

> 　　我与他相识、相知、相伴，在我们之间流淌着一条不冻河，也是一种感应时令节气的心灵共鸣。每次提起密友，便会有一股暖流涌遍全身。

　　姜同学不是我们年级的，他比我低一级，中文系83级，因书法同好，我们常在一起。看那时的青春照，他与我一样，带着羞涩，透着清纯，怀着美梦。转眼间，我们都不年轻，不过，时间的流水并未隔断我们的关联。

　　他毕业后到青岛，我则在济南生活和工作数载后，来到北京，一待又是26年。多少个日夜，我总禁不住想起这位挚友，一股暖流就会涌遍全身。在我的感觉中，我快乐，他也会欢笑；我忧愁，他也跟着伤怀。我送去鸿雁，他传来音讯；我默默不语，他就会挂怀。在这个世界上，似乎很早很久我们就已相识，我甚至内心有这样一种感觉：因为有他，我的人生变得充实与丰盈。

　　他虽是个山东大汉，但有女性的细致和温情。在我们的交往中，他总是为他人着想，最善解人意。因为我曾向他敞开心扉，几乎无所不谈；所以，他了解我的家事最多，也成为最理解我的那个人。

提起我的兄弟和姐姐，那仿佛是他自己的，言语中充满关怀、亲切之感。前些年，家人不断出事，到北京看病就医难上加难。他那时在青岛医学院，知道情况后，就主动对我说："北京路途遥远，行动不便，你就让家人来青岛看病，这里有我呢，求医看病和住宿都不用你操心！"结果他主动与我家人联系，全程服务和照顾。这样的事不止一次，他从没厌烦过，更无怨言。对于我的感谢，他总是一笔带过："你和我，谁和谁呀！"

每次到青岛，他都在百忙中抽时间陪我，非常珍惜与我相处的时光。那种恋恋不舍让我感到非常温暖。一次，我的讲座拖了很长时间，已很晚了，他与另几位同学一直在等着我。我对于他，也有着难以言说的留恋，相见时刻既珍贵又幸福。当然，不只是我，与他交往的人可能都有同感：他心胸开阔、心地善良、性格内敛、性情温润，是那种有水德的人。

他的记忆力超常，思绪缜密，令人百思不得其解。多少年过去了，至今提起我的家人，有的事情我都淡忘了，他还记忆犹新。像我的哥哥、姐姐的属相，弟弟的名字，父亲的脾气，还有我的一些朋友，包括82级两个班的人与事，他都能做到如数家珍。前几天，我写了篇文章，其中谈到上大学时，国家每月给我们师范大学的学生发放生活费22.5元。一个同班同学与我对证，说我错了，应是17.5元。无奈，我问姜同学，他这样回道："一共是21.5元。用于伙食17.5元，其他菜票11.4元，饭票35斤，70%细粮，6.1元伙食费是加工费。另外4元拿1元作班费，3元作助学金。助学金分三档，分别是4元、3元、2元。从1986年起，每人增加6元伙食补助。"后来，他又补充说，"国家每月给每一位师范生21.5元，其中伙食费17.5元，以饭菜票方式发到手。另有4元灵活处理。83级是每人每月拿出

1元作班费，另外3元根据家庭情况分三档。你们82级可能分了四档。"后向我班生活委员求证，她回复说："咱们刚入学时，每个人发17.5元饭票（包括菜票和粗细粮、大米票），另外发2—5元现金补贴。王兆胜同学是5元补贴，所以总额就是22.5元。"两相比较，姜同学的记忆力多么不可思议啊！我只能由衷地感叹："厉害！"

不过，我这位师弟热爱书法，写一手米芾体，从其笔力雄健、金戈铁马、风姿绰约中，又可见其阳刚的一面。这是一般人不知道的，就如水一样，除了温润，还有另一种强力存矣！不过，这恐怕像太极功夫一样，那种发力点轻不示人，它内蕴于柔弱、平淡、和平之中。也如"十年磨一剑，霜刃不曾试"，不知这位老弟可曾显过雷霆之威？

我最欣赏其幽默，那种将什么都在一笑中化为乌有的智慧。他说话声调不高，未言先笑，语出惊人。他给我短信时，多称"兆兄秀嫂"，因我妻子的名字中有个"秀"字，他与她很熟，所以这么叫。一次，他来短信说："昨天晚上83级几位同学小聚，有好几位还记得兆兄的小棉袄。"在此，"兆兄"是对我的简称，"小棉袄"是我读大学时穿的一件包不住屁股的棉衣。其中，诙谐幽默自然而出，也透出对我的关爱之情。另一次，我俩有如下的短信对话。他说："其实兆兄上学时给我印象最深的还是那件小棉袄。"我问他："哪件小棉袄，略用你彩笔形容之。"他回道："兆胜先生在山师求学期间，给人们留下印象较深的有以下几点：窄窄的脸上架着一副眼镜，镜片儿厚得不仔细瞅都看不清他的眼珠。走起路来略弓着背，走得很快，总像是在赶路。一年到头只换几件衣服，一件棉袄差不多能穿半年。印象中那是一件中式对襟小棉袄，深棕色，带有不太明显的图案，盘扣，衣身既短又瘦，也就是他那种瘦身板儿勉强穿得上。兆胜穿着这小棉袄，也不加一件外套，就这么急匆匆地在校园穿行。大学的几个冬春就这么过来了。"我的回信是："你记忆力超强，可惜我记不住小棉袄了，如留有照片，我一下就记起来。啊，小棉袄，可爱的小棉袄！"这样的交流很有意思，从中可见我们的幽默和知音之感。

在我们之间还有一种秘语，这在别人是没有的，也很难听懂。这样的欢乐不足为外人道。就像一个人能听懂人语，不一定懂得鸟兽虫鱼的话，更难理解花开花落甚至大地的心语。在我们之间流淌着一条不冻河，也是一种感应时令节气的心灵共鸣。比如说，我们通电话，不是因为有事，可能正是无聊，至少是由于闲得慌了。所以，他会说："你今天看天花板了？"我就说："看到阳光照在上面。"他接话问："是直接照上的，还是玻璃反光？"我说："是水，是水盆里的水折射的。"他会继续问："不是水盆里的水，就不反光了？"我说："会的，但必须是水，是静止的、一平如镜的水。"他还紧追不舍："到底是水，还是你的眼睛反光？"我会更怪异地问："是在你眼睛里，我的眼睛反的水的光。"于是乎，我们哈哈大笑起来。问题的关键是，像《世说新语》里的人物，我们通话没什么正经事，只是打个哈哈就心满意足了。其中，我们在不经意间相互激发，竟能做到妙语横生，说出连自己都想不到的话，于是我们都陶醉在自我的满足的快乐中。

有时总觉得，姜同学就是我的镜子，或者说我也是他的镜子。我们在相互映照中看到自己的形象。其间，无穷无尽的乐趣，有时在言语中，有时又在无言里。

精彩
— 赏析 —

　　毕业，意味着分道扬镳，同学间的友情很容易被时间和距离消磨殆尽。但是，作者有一密友，他们从校园时期便是挚友，直到现在。文章开门见山，首段简单介绍了这位密友——姜同学以及他们的友情、毕业后二人的情况。然后，分别从外貌、性格、爱好等不同角度介绍姜同学，同时列举二人之间的几个小故事使人物形象更加真实饱满。作者在讲述故事时详略得当，主次分明，重点突出，给读者以深刻的印象。文章结尾处的幽默对话，更是让我们直观地看到了二人相处的状态，轻松、愉悦、自我陶醉，而这也是全文的感情基调，读完令人不禁哈哈大笑，甚是艳羡二人的友情。

知音难得

> 人生得一知己足矣，斯世当以同怀视之。
>
> ——鲁迅

刚进大学，作为农民之子，我有些胆怯。不少同学生于城市，出身农村者不是家庭殷实富裕，就是还过得去。我则相形见绌，这从带的行李、穿衣戴帽中就一目了然。那真叫一个"土"啊！

至今，还记得，我盖的被子相当单薄，冬天就必须将所有衣服盖在上面，还觉得脚冷。上衣是一件皱得不能再皱的绿军装，它小得几乎遮不住腰带，这还是姐夫当兵时穿过的，因穿了又穿、洗了又洗，已完全没了形状。脚上穿的是双破皮鞋，这还是上中学时家里破例为我买的，早已不成样子。其最明显的特点是，由于穿的时间太长，又不打鞋油，常被家人戏称为一双"绑"。所谓"绑"，即是农村用带毛的猪皮自做的鞋窝窝，因皮毛坚硬和不听使唤著称。当同宿舍的同学将自己的皮鞋擦得倍儿亮，西装革履笔挺挺走路，我这个农民之子就有些无地自容，一种自卑心理也会油然而生。

同宿舍共七人，其中两位家境很好，长得也很帅气，他们的生

71

活像抹了油，使宿舍和教室都增色不少，有时简直可用光彩照人形容。记得，我上铺的同学，是名副其实的美男子，高个儿、身材匀称、皮肤白亮、眼睛颇有神采，尤其那一头乌黑的亮发闪着光芒。他经常洗头，用的是特殊的洗发膏，所以给房间留下满室余香。他还有把美丽的梳子，是胶皮上固定铁丝的那种。同学用梳子梳头，不论是中分还是左右分，头发都很顺溜，让我想起家乡山上绿油油的青草。最出彩的是，这位同学有一双非常漂亮的褐色高帮皮鞋，它被擦得锃亮。他穿上它从教室前面走到后面座位上，一路的声音铿锵有力，听来十分悦耳。更重要的是，这位美男子同学的学习成绩相当优秀，这令人更加佩服。相比之下，我辈就像一只漏气的球，不论穿戴、走路还是学习成绩，都甘拜下风。尤其是看过电影回到宿舍，同学总是议论纷纷。我发现，别的同学颇有见解，说得也非常在理，我则说不出个一二三，那时确实没有见解嘛！如井底之蛙，来到大都市的我，眼界虽已打开，但更多是感到斑驳陆离，甚至有被光刺了眼似的眩晕。

后来发现，与我同室还有一位同学，他的穿戴并不比我好，尤其是脚上那双布鞋一下子给了我不少自信。加之，平时他在宿舍沉默寡言，脸也黑，毫无洋气可言，我断定其家境也不好。常言道：物以类聚，人以群分。随着我对他的关注，他也开始注意我，于是我们接触多起来，也常于饭后在校园里散步聊天。

我得知：他是临沂市五莲县人。父亲是小学教师，但身体不好，母亲多病，自己是长子，后面有妹妹、弟弟多人，其家境可想而知。一次，他给我讲了个故事，让我终生难忘。他说："母亲一旦不清醒，就往外跑。那天，母亲又离家出走，十多岁的我紧跟其后，但母亲跑得快，我跟不上。我一边喊母亲，一边拼命追赶，唯恐母亲离开视线。天越来越黑，母亲往山里跑，我奋不顾身追。不知经过多久，母亲实在跑不动了，我才追上她。更难做的是，将不省人事的母亲背回家，而将她放在背上站起来，就比登天还难。因为太小，母亲又沉，我跪在地上不知试了多少次，都没成功。"同学讲述这个故事时，泪流满面，目光充满恐惧与绝望，他接着说，"折腾了一夜，自己一直没背起母亲。那时，荒山野岭，我害怕是其次，最担心母亲挣脱后再逃跑。"当听到这里，我的心一下子被抓住，对他产生说不出的疼惜，我们的距离一下接近了。甚而至于，原来我觉得自己在这个世界上最不幸，听了同学的陈述，才有所觉悟，他比我更苦。此时，同学长吁一口气，"直到天蒙蒙亮，一个拾粪老人发现我们母子，帮我将母亲扶上背、站起来，我才将母亲背回家。"多少年过去了，我常想起同学叙述的这个画面，也没再问：他一个孩子最后是怎么将母亲背回家的？

最令我钦佩的是，这位同学有金不换的品质。他从未因贫寒、困苦表现出丝毫自卑，对富裕同学更无半点仇视、嫉妒，而是像平端一碗水般对待每个人。因我们家境相当、志同道合，后来两人将有限的菜票和钱放在一起花。我们似乎知道彼此的心意，每当到食堂打饭菜，先去的那个总为对方打个好菜留着，自己吃差的。一次，未经我同意，他竟自己做主为我买来一双皮鞋，让我将那双"绑"换下来，他自己仍穿着那双布鞋。周末，我们常结伴而行，为了省钱，总是步行到济南市的书店、大观园、趵突泉、千佛山游玩，他穿的都是那双布鞋。济南的街道柳树纷披，在微风吹拂下，常作舞蹈状，也代表着我们青春的心境。此时，我分明能感到同学矫健的身姿、前后摆动的非常有力的双手、被布鞋沙沙声带动的坚定步伐，还有我们的谈笑以及志在高远的坚定誓言。至今，36 年过去了，这个画面仍被定格在我心灵的屏幕上，有着青翠的格调与明快的诗意。

1986年毕业后，他到我的家乡烟台工作。我则留在济南继续攻读硕士研究生，毕业后在济南工作4年，1993年考入北京，在中国社会科学院研究生院读博士，毕业后留在北京。表面看来，我们远隔千山万水，但友情从未间断过，仍像兄弟般亲近。仿佛是上天安排，他离我的家乡近了，还去过我的村子，见过我的哥哥、姐姐、弟弟，并给了他们不少帮助。他的儿子也来北京读大学，毕业后留在北京工作。因我们的关系，双方的妻子也变得熟知，仿佛是一家人。值得一提的是，他毅力超群，学习非常专心用功，在大学时成绩优异，加上人缘极好，很快成为我班的班长。再后来，他的事业得到很大发展，成为一位优秀干部。

如检点我的工作成绩和成长历程，离不开这位同学的内动力。这既包括他的人格魅力，也离不开我们之间的深情厚谊，还有那种说不清的缘分。如果我们俩人无缘，是断不会这样心心相印的。后来，他心直口快的妻子跟我很熟了，就这样开我的玩笑："兆胜，听说你俩关系好得不得了？"我笑答她："那不可能，我俩都是男子汉，都注重自我修养。但说我俩好得像一个人，那也不错。"现在，我们两个早年受苦的人，都找到一位好妻子，都有美满的家庭，这是需要真正感念的。

精彩
——赏析——

　　人们常说"知音难觅"，但难觅的不是知音，而是知音的那份心境。作者从自己的大学生活展开叙述，讲述了他与大学同室的一位同学成为知音的故事。文章开头用较多的笔墨从作者的被褥、衣物等生活细节方面入手——单薄的被子、皱得不能再皱的绿军装、破皮鞋，塑造了一个家境不是很好的大学生形象。紧接着，又通过与同宿舍家境很好的同学的生活状态对比，突出了作者自卑与无助的心理。同时故事以此为转折，讲述了作者与知音相识、相知的过程，以及知音对自己心理和成长的影响。本篇文章不仅让我们感受到了二人之间惺惺相惜的友情，更是激励我们去正确面对自己，乐观面对生活。

_____

最熟悉的陌生人

🌷 **心灵寄语**

我们本该是最熟悉的人，但现在更像是两个陌生人，各自走着自己的人生道路，连一声问候也不曾有过。

每人都有一个最熟悉的人。

他们或形影不离，或相知相得，或心照不宣，或成为知己知音。如是双胞胎，不论是兄弟姐妹，还是龙凤呈祥，是不是彼此都非常熟知亲近？

我有个最熟悉的人，他是我姑姑的儿子，叫崔桂军。

我这个姑姑不是亲姑姑，她是小爷爷王殿尊的女儿。她父亲是我爷爷王殿安的亲弟弟，或者说她父亲与我父亲的父亲是亲兄弟。也可以说，崔桂军的老姥爷与我曾祖父是一个人，都是王嘉田。

如再理顺一点，是这样的关系：我和崔桂军是同一个老爷爷（老姥爷），叫王嘉田。王嘉田有三子，长子王殿成，次子王殿安，三子王殿尊。我的爷爷是王殿安，桂军的姥爷是王殿尊。关系还是非常近的。

重要的是，我这个姑姑嫁给我们本村，住得离我家和我小爷爷王殿尊家都不远，还是一个生产队的。这就决定了抬头不见、低头见。

在我的印象中，这位姑姑中等个子，温柔和善，说话轻声细语，不善言谈，更不事张扬。崔姓姑父高高的个子，长得挺英俊，忠厚老实，言语很少，给我留下很好的印象。

我小时候常去姑姑家，至今还留下深刻印象。

我家大门朝西，出来有两条路可到她家。

一是右转向北，穿过十米长的夹道，到一条东西贯通的村庄主干道，右拐往东走五十米，到一个叫"大马"的地方，这是人们饭前饭后无事可做时，聚在一起聊天的所在。从此地左拐往北，走二百米后左拐，进入一条狭长的胡同，约走三十米，最里面即是姑姑家。这是一个死胡同，姑姑家大门朝南，直对着前面一家的后墙。

二是左拐向南，走十米左拐向东，经过大伯王仁忠家的老屋门口，走二十米左拐向北，再走二十米，即到"大马"。下面的路线与前面第一条路线相同。

记得，进到姑姑家院子，里面还是挺大的，有豁然开朗之感。

当时，给我的印象是，到姑姑家去要不断地"拐弯"，特别是走进那条狭长的胡同，有一种逼仄和气闷感，直到走进她家院子才感到好受一些。

有趣的是，我与姑姑的儿子崔桂军的关系非同一般，我俩竟是同年、同月、同日生，阴历都是一九六二年十二月初三。

听父母说过，我爷爷王殿安在我和桂军出生前一晚，做了个奇怪的梦：一个老人从村外进来，一手领一个男孩子，走到我家门口，直接交到爷爷王殿安手上。

爷爷立即醒了，第二天，我和崔桂军就出生了。据爷爷说，梦中那位老人可能是他父亲王嘉田，送来一个曾孙儿，一位曾外孙子。

现在，我父母早已去世，但多年来，我一直记得此事：我与桂军虽不是双胞胎，但冥冥之中有一段奇缘。

可惜的是，我俩接触很少，交流更少，人生道路也迥然不同。

桂军一直在家当农民，他沉默寡言、纯朴平淡、安分守己、一步一个脚印。他的天地主要是家、村庄、农活或周围的世界，我从未听到他有什么不顺，也没有对他的任何非议。

我则经历了人生坎坷：十多岁母亲去世，高考则经历了千回百转，到第四年才考中。先到济南上大学、读研究生，工作数载后来到北京读博士，留在北京工作后也是天不遂愿，可谓几度风雨几度春秋。仿佛是个攀岩者，我靠的只是一双手脚和钢铁般的意志，才有了出头之日。然而，风霜雨雪接踵而至，两个哥哥和姐姐先后去世，他们都不到五十岁，前些年八十多岁的父亲又离我而去。

与安居乐业的桂军比，我就是那只高天的风筝，在不断追求中走着自己的人生苦旅，也像被风挟带着四处飘飞的花粉，一直在寻找一个所在，将自己的心语和希望播种于大地心中。这也是我用手中之笔一直在不断写作，想通过书籍与文字表达和传达的内在原因。

不过，我与桂军的来往和交流很少，从小到大一直是如此，仿佛我俩不是亲戚，也未有过这样的机缘巧合。

究其因，不知道是他一家人都有些沉默寡言，还是我家一直生活在困顿、不顺、坎坷中，抑或是我多年的奋力攀登和无暇顾及，也可能天生如此、天意如是。

我们像两个陌生人，各自走着自己的人生道路，连一声问候也不曾有过。

虽然在一个村，但我俩不相见至少已有四十年，可能从我十九岁考上大学离开村里，就再也没有见过他。

不过，我常想起桂军，会将我和他进行比较，有时他是我的影子，有时我又会变成他的影子。

我自小长得又瘦又小，桂军长得像姑父，帅气、英俊、健拔，有将军之姿，这与我形成鲜明对照。所以，我常想，如果我有桂军的外貌，我的人生会是怎样？

姐姐和父亲去世后，我也想过：我如果是桂军，没离开村子走出大山，来到外面的世界漂泊，而是在姐姐和父亲身边陪伴与照顾，他们是不是不会死得那么早，忍受着那么多痛苦？

在我的人生得意或失意之时，我都会想起桂军，心中就有一种挂念，也不知道他过得好不好？

只是我不知道，多年来，桂军是否会想起我？是否会挂念一直在外拼搏的我？他的生活和心中有无"我"的影子？

不过，我不会问，也不想问，就像多年来，我从未向人打听过桂军的生活以及他的状况。不是真的不想，而是不想拿桂军这面镜子来自照。

长期以来，我心中一直有个遗憾，知道自己的出生年月，但不知道具体时辰。

母亲去世早，我无从知道；姐姐可能知道也可能不知道，我还没来得及问，她就去世了；父亲也未必记得，因为他这么多孩子，我又排在不显要的位置，他知道的概率较低。可在他离开我，到了另一个世界之后，我才感到有些后悔，因为最后一根希望之线断了，我的出生时辰将永远是个谜。

突然有一天，我想起姑姑，既然我与她儿子桂军同年同月同日生，她一定记得自己儿子的时辰，当然也能记住我的。

于是，我立即打电话，让还在村里的弟弟去问姑姑，我到底是什么时辰生的？

结果终于揭晓：姑姑的儿子是早上生的，我则在傍晚出生。

我们姑舅兄弟俩一早一晚，将整个一天都占住了。桂军是哥哥，我是弟弟。我俩都属虎，一早一晚的两只公老虎。

我似乎有点明白了，为什么我与桂军一直疏于联系。因为我们都是喜欢独处的大老虎，一早一晚，很难合群甚至相遇的。

不过，多少年来，我俩从没起过争执，更无任何矛盾和不快。

作为弟弟，我在北京，在深夜的书斋，向老家的哥哥——崔桂军问一声好，道一声平安！

桂军哥，小弟这厢有礼了！

精彩赏析

同年同月同日生的两兄弟本该是这世上最熟悉彼此的人，现在却成了陌生人。这是令人惋惜的一件事！作者用众多笔墨讲述了自家与姑姑家的关系。无论是从血缘，还是从两家距离看，作者与姑姑家的儿子崔桂军都应是对方最为熟悉的亲人。但是两人的家庭、性格等多方面大相径庭，致使两人并未有过多的交集。

作者叙述了自己与姑姑的儿子崔桂军变成陌生人的原因，借以抒发自己对二人关系转变的惋惜之情，以及对崔桂军迟来的慰问之意。全文字里行间并未阐述作者的任何情感变化，而是平铺直叙地讲述二人境况和奇缘，令读者感受至深。

▶ 预测演练二

1. 阅读《母亲的细节》，回答下列问题。（10分）

（1）阅读全文，概述母亲的一天是怎么度过的。（2分）

_____

_____

（2）文中第四段是如何描写母亲的？有什么作用？（4分）

_____

_____

_____

_____

（3）如何理解文章最后一句话，"有关母亲的细节像刀刻般留在我心里，那是一个没有文字的纪念碑"？（4分）

_____

_____

_____

_____

2. 阅读《心灯》，回答下列问题。（10分）

（1）联系上下文，如何解读"心灯"二字？（2分）

_____

_____

（2）刘老师的哪两句话令作者记忆深刻，感触颇深？你对此有何感悟？（4分）

_____

_____

_____

（3）联系前文，如何理解文中所说的"他可能不像我的硕士和博士导师那样，成为我学术研究的引路人，但却点亮过我的心灯"？（4分）

_____

_____

_____

_____

3. 写作训练（60分）

生活中，我们会遇见很多人，经历很多事，拥有很多情感。所以，我们一定会有那份内心深处的永恒的感动。

请以此为主题，写一篇文章，谈谈你的那份永恒的感动。文体不限。字数：600~1000字。

名人的胡须

💮 **心灵寄语**

> 身体发肤，受之父母，不敢毁伤，孝之始也。
>
> ——《孝经》

　　一般说来，胡须可有可无。它饥不可食，虽稍可御寒，但不能当衣。

　　在中国古代，则大不相同。《孝经》说："身体发肤，受之父母，不敢毁伤，孝之始也。"所以，当曹操坏了自立的规矩，坐骑受到惊吓，踏毁庄稼，他本该受死，却接受部下规劝，"断袍割须"代之。一般人觉得虚伪，其实不然，因为古代割须实乃大事，它代表的是孝不孝、好与坏的问题。

　　看古今中外名人与胡须的关系，就容易理解：胡须之事非同小可，它对一人乃至于家国来说，关系甚大。

　　托尔斯泰与泰戈尔，一个是俄国人，一个是印度人，他们都是文学泰斗，名字中都有"尔"和"泰"字，尽管这是译名。他们还有个共同点，就是都留着大胡子。托翁的胡子如飞瀑，浪漫奔放，其间似有小溪流淌，配上深眼窝、长眉毛和一身黑衣，颇为壮观、深邃和庄严；泰戈尔须发皆白，如天空的一大朵白云，在一双仁慈的大眼睛衬托下，更多了些平和、从容、宁静和超然。显然，这两位的胡须特别醒目，如被剪掉，不知他们还是不是智者，至少难以保留现在的飘飘然的形象。

中国的美髯公很多，较有名的是关羽，据《三国演义》，他的胡须长达二尺，是八尺身材的四分之一。另从古代绣像看，关羽有五缕胡须：除下巴的长胡子、左右嘴唇各垂下一缕，还有耳下络腮胡子各一缕，是个极具丰神的人物。关羽字云长，将他的五缕胡须想象成五朵祥云也是可以的，特别是他手执八十二斤青龙偃月刀，其风采可以想见。

翁同龢、丰子恺、齐白石、张大千、于右任等人，也以长胡子闻名，只是比威武的关羽更多了些文人气。一是胡子如银丝，更有灵气；二是胡子像毛笔，仿佛可蘸墨汁书写。当然，翁同龢、于右任、张大千也可称美髯公，只是他们都没有关羽五缕飘带式的胡须。

马克思和恩格斯的胡须更加浓密茂盛，像开放的一朵大白花儿，也像思想和智慧的丛林，尤其是当头发和胡须融为一体时。与中国人较为雅致的胡须不同，这两位伟人的须发更浓郁、粗壮、坚硬、放逸，充满一种汪洋恣肆、剑拔弩张的力量感。诺贝尔文学奖获得者萧伯纳的胡须是硬中有软，是狮子加绵羊毛的感觉，这与马克思和恩格斯的可谓同中有异。另外，萧伯纳与马克思、恩格斯三人都有一双美丽的大眼睛，这在特别动人的胡须中间尤显睿智。不过，萧伯纳的胡须多是俏皮，而马克思和恩格斯的则是真诚和脉脉含情。

还有一些名人的唇须很有特色。德国哲学家尼采的唇须像一把大扫帚，似乎要扫尽天下的陈规旧习；也像一只大公鸡，将鸡冠高高竖起，并发出喔喔之声。还有那双像铃铛般的大眼睛，通过较多的眼白，透出怀疑一切的光芒。希特勒、卓别林以及一些日本人留着一撮小胡子，既滑稽又有恶搞的感觉，是个小丑的装束。康有为蓄着一副括弧般的八字须，且嘴角两边的特别长，既让人想到中国古人的一句诗"吟安一个字，捻断数茎须"，又让人想到鼠须，给人一种滑稽感。李大钊长的是外八字唇须，浓密、厚重、悠长，有点像尼采的，只是更加纷披，像一只燕子展翅而飞，让人想起他的名句"铁肩担道义，妙手著文章"。还有鲁迅，他的唇须相当发达，硬而坚、直而锐、浓而烈，否则他不可能以笔代枪，写出"两间余一卒，荷戟独彷徨"的诗句。

常言道："巾帼不让须眉。"在此，"须眉"代指好男儿。看来，须眉特别是好看的须眉，是一个好男儿的显著标志。当年，周恩来和梅兰芳蓄须明志，一个是不打跑日本人不剃胡子，一个是宁可留须罢演，也不为日本人服务。

在现代社会，随着时代发展和生活节奏加快，太长的胡须越来越少，别的不说，只是吃饭和睡觉就非常麻烦。据说，当年关羽晚上睡觉，就因"胡子放在被内还是被外"这个问题比较犹豫，以致失眠。有些人为了不让长胡子受损，晚上睡觉时，常用特制口袋兜住长胡须，想一想这个形象就会忍不住发笑。

精彩
—赏析——

　　作者以"胡须"为线索贯穿全文，分别讲述了古今中外名人的胡须，以及胡须在古代与现代的不同境况。文章首先借用《孝经》中的"身体发肤，受之父母，不敢毁伤，孝之始也"引出曹操"断袍割须"的典故，不仅指出了古代割须的严重性，而且为下文讲述名人胡须作铺垫。然后，作者分别列举了国内外众多有胡须的名人，比如托尔斯泰、泰戈尔、关羽、丰子恺、齐白石等等，借此讲述名人的胡须不仅符合各位名人独有的气质，而且展现了不同的人物风采。文章结尾简单阐述了现代社会中人们对胡须的态度和做法，与前文形成对比，表现出古今胡须的不同境况。

核桃心事

🌸 **心灵寄语**

> 手与核桃肌肤相亲，仿佛用心的丝线相连；核桃会随着你的心意旋转，你的心情也会被核桃牵引。

人有心事，动植物也有。

苹果被皮紧紧包裹，里面是果肉，核心部分才是"籽"。

橘子的皮色金黄，在美丽的外表下，有着多瓣心事，它们如花一样开放，还有金丝般的心绪。

石榴多籽，心事往往最重，从熟透的石榴裂口处可见一斑。

花生的皮壳较硬，剥开后，内有一层薄薄的红衣，穿在两瓣白花生身上。其中，隐藏着花蕊似的小芽，心事藏得小心谨慎。

至于核桃，可能是心事藏得最深，也最隐秘的。它皮壳坚硬，很难用手剥开；借助工具打开，里面有多个房间，绝对是居家的富翁。那密密麻麻、大小不同的屋子像蜂巢又像地道，还像能洞悉人心和天地的耳朵。核桃仁的油性很大，如宝贝般深藏不露。

核桃有着让人最难琢磨的心事。

人们将核桃的结构与人的大脑相提并论，并形成这样的共识：吃核桃仁补脑，特别是对脑力劳动者和求学的孩子更有益处。

长期以来，我对此深信不疑。所以，喜欢吃核桃，也与核桃结下深厚情谊。

每当午休起来，我总喜欢泡上壶绿茶，一边吃核桃，一边喝茶，仿佛在补充营养，又与核桃叙说心事。闻一下茶叶，再闻一闻泡开的茶水，用嘴慢慢啜饮品尝；将核桃仁细细咀嚼，满口生津，余味无穷，似乎这就是人生。

剥开核桃是件苦差事，需要借助工具，或用石头敲打，或用夹子夹开。

有时，因核桃皮厚、洞幽、仁脆，很难取用。常因不小心，把整个核桃搞碎，核桃没吃多少，总是弄一手油。

这是不懂核桃的结构，更是不解其心事之故。

不过，不论核桃被敲被夹，都要感受它的痛苦才对。

皮开肉裂时，核桃发出的声响，让人心酸；被掏空的皮囊，仿佛遭受一场浩劫；满盘的碎屑狼藉，又暗示着某种残忍。

除了吃的，还有一种文玩核桃。其目的不是吃，而是把玩，故称"掌中宝"。

将印痕深刻，品种、大小、模样相同或近似的两个核桃，置于手中揉搓和旋转。久而久之，核桃就会变色，包浆温润，色泽十分美妙。

文玩核桃价格昂贵。我曾买过几对，并在把玩中得到不少知识，也有所开悟。人与核桃心手相应，同呼共吸，在有声（野玩）和无声（文玩）中，可以相互诉说心事。这既包括两个核桃之间，也包括核桃与手、人之间的密语。

有一天，我在商场买吃的普通核桃，突然被两个鸡蛋大的核桃吸引，于是买回家当文玩核桃把玩起来。

多少年过去了，这大如鸡卵的一对核桃已出落得楚楚动人。它们不仅有十分好看的枣红色，显得光彩照人；而且"旋"在手中和掌上所发出的金石声，可谓"声声悦耳"。

这是我从"吃的核桃"中发现的新奇，也读懂了其不便言说的心语。

今年，单位与陕西对口扶贫，我买来四大包核桃。

这让我喜出望外，除了吃，还用心从中挑选可供把玩的核桃。

曾记得，多年前，我从市场买回一个大南瓜，不是为了吃，而是好看。

南瓜圆圆满满。它有着金黄的色泽，配上淡淡的绿条纹，将它置于书案，满室生辉。

没事时，我怀抱大南瓜，慢慢抚摸和把玩，自有一种富足充实。这样，我得享数月的美好时光。

可惜，大南瓜最后没保存下来，从内向外烂，我只得弃掉。

后来，每当忆起那个南瓜，就会感到惋惜。由于自己功力不够，没能让它玉化。

今年，对于吃的核桃，我吸取了南瓜的教训，于是有了新的贮存之法。

先从中选优，这似乎是个难题。

我坚持的挑选原则是：底平、形正、饱满、沉实。当然，如有异形、异色亦无不可。

有的核桃是矮桩的，像举重运动员；有的是大宽边，棱角分明；有的皮薄，仁实，摇之有声，圆满得像纸灯笼；有的尖刻如枣，虽不合正常标准，但皮硬实沉，放在手上把玩也是好的；还有的"大"与"小"超常，有两枚小若龙眼的核桃，在男人的大手里旋转，岂不有趣？

后来的配对更难。

一大堆有特色的核桃，真要找到两个相同或相似者，谈何容易？

然而，一旦配上对，那无异于一段美满姻缘。

不过，我确实配成好几对极相近的核桃，从中可见大千世界的神奇。

当然，也不能要求尽善尽美，如别的方面合适，即使让一大一小成对，有何不可？就像夫妻间可有高矮胖瘦之别一样。

有的核桃非常特别，天底下可能独一无二，无论如何恐怕也配不上对。那也不能强求，要打破既成观念，玩一个好了！难道不允许有人单身，非逼婚不成？

我选出一只非常优雅的核桃。其形如龙珠，端庄沉实，纹理漂亮，摇动时，内仁有咕咕声，只可惜外壳已有裂纹。不过，我没求全责备，更没简单吃掉，而是珍爱有加：放在离自己最近的书案上，不时地揉一揉、捏一捏，常用牙刷刷一刷，贴近鼻子闻闻嗅嗅，在耳边摇摇，自有一种难言的快乐欣慰萦绕心头。

最让人陶醉的是，经过长久把玩的核桃以及我的双手，都会发出一种无法形容的幽香，沁人心脾。

这股幽香既来自核桃心中，也与一颗善心有关，还来自大地的芬芳，如将之看成上苍的秘语亦无不可。

人生苦短，即使百年也不过一瞬，况且多数人都活不到这个年岁。

然而，在短暂的人生中，要获得充实快乐，不为烦恼所困，更不让生活画地为牢，颇为不易。其中很重要的一条是，要学会"自己跟自己玩"，比如，与核桃一起体会心事，特别是理解其间的天地之道。

我从吃的核桃中挑出甚多，每次都仿佛在做善事：虎口救生。

但反过来想也是如此：核桃仿佛在教化我，让我变得心地纯良。

放在桌上和袋子里的核桃，随时随地可配对和欣赏把玩。

其实，我不只在为核桃配对，也是在为自己，找那个能了解心事的核桃。

手与核桃肌肤相亲，仿佛用心的丝线相连；核桃会随着你的心意旋转，你的心情也会被核桃牵引。

随着核桃一天天面容变得姣好，你的心情也开朗起来，以至于心花怒放。

经过不断揉动的核桃仁，久不变质，人心也逐渐变得经久弥坚。

因此，人与物异，但其理和心事相通。

生命既卑微又伟大。

就像这些本要为人果腹的核桃，当被抢救出来，又经人心滋养，竟能由干枯甚至死去得以复活，焕发生命的辉煌壮丽。

同理，得了核桃启迪，我也不断成长，对世界与人生，特别是一草一木似乎有了某些参透。

精彩
— 赏析 —

人有心事，动植物也有。比如苹果、橘子、石榴、花生皆有心事，其所含心事亦轻亦重，但核桃心事较之更甚。全文以核桃为线索，表面上讲述作者吃核桃、剥核桃、玩核桃、挑核桃的过程，实际却是核桃在与作者的每一次接触中教化其成长。核桃坚硬的外壳和复杂的内部结构就像是我们对外界的伪装，核桃被把玩的过程就好比我们成长过程中遇到的各种困难。作者借物喻人，旨在表达只有经历挫折，我们的内心才能足够强大，才能令生命焕发光彩，同时还要有悲悯之心，感受每一个生命的辉煌。阅读本篇文章，令人受益匪浅！

书 虫

🌸 **心灵寄语**

> 与书虫相遇时，你会生出许多长了翅膀的想象，就如来自天宇、每年都要飞向人间的雪花一样。

年轻时，感到世界很大，感兴趣的事也多。随着年岁增长，真正喜爱的事变得越来越少。年近六十岁，如让我只选其一，那就是书。

我家的书，多得数不过来。书架、书桌、沙发、餐桌、床上、地上，到处都是，可谓俯拾皆是、唾手可得。

我已养成手不释卷的习惯。随便什么时间、任何场合，我都能逮住一本书，有时哪怕看看目录，读上一段或一行，也高兴得不得了。就是不读，随便翻翻，也乐在其中。

书之于我，是有生命体温的，也是活的，更是长了眼、鼻、口、耳的，还生了会走路的腿和脚。一本书可能在书架上沉睡了十年。一朝取下，捧在手上，认真阅读，还可能是诵读，它就会被唤醒，生命和诗意也就荡漾其中。更有图书馆的书，有的在角落里蒙尘百年，一旦被人借阅，它的生命就会被唤醒，变得生机盎然。自二十世纪八十年代起，我家的书多次搬家，换了无数城市，也添了好多书架，但一本都没遗失过。如果不是长了腿脚和翅膀，那怎么

92

可能？在我眼里，一些书可能会睡眠，但永远不会死去。

用不同的字号、颜色、字体印制成书，也就有不同的生命形式。当阳光明丽，或某个无事的黄昏，特别是夜深人静时，我翻动那些书页，就会感到书中的文字仿佛在动，墨香也飞逸而出，连同一些留下脚印后不断前行的字符。在印刷体中，有行书的潇洒、隶书的端庄、草书的浪漫……那些轻轻松松、细致绵软、疏朗的线装书，会在手中变成飞翔之姿，吸引鼻翼不断翕动。在一页甚至一行中，总有那些被留在身后的段落和文字，特别是寥寥数字或一字跟着一个句号，孤独地待在一起。所有这些似乎都是人生，一种不易被理解的人生的滋味。

有一天，我有所醒悟：我简直就是一个书虫，是以"书"为生的书生。因为学者的一生离不开书，不管是"为稻粱谋"，还是乐在其中，或是爱书成癖，都是如此。当然，身在家中，我穿行于书海，一个个书架就是船帆，一本本书则是知识的浪花。在书斋里，我是被书室包裹着的那只蚕蛹，在日积月累的努力学习和近于修行中，慢慢咀嚼书页，并悄然涌动，希望有一天能获得知识、思想和智慧，以"蝶化而飞"的方式修成正果。在书中，我的目光与手，连同五指一起跃动，既追逐文字，又与书页一起舞蹈，这是以字符为食的一个过程。每个字符的喜怒哀乐都会唤起身心震颤，有时甚至能听到我这只"书虫"被感动后流泪的声音，如果细心还能闻到我满嘴的"墨香"。

从小到大，从学校到工作单位，从图书馆到书房，甚至在路上，我一直都离不开书。有时连吃饭，眼睛也不愿从书上离开。还有在梦里，也被铺满书的五彩路托起，从地面到云间，像唱着一首永远让人快乐的歌。

然而，有一天，我这个"书虫"遇到了一只真正的书虫，让我难以相信自己的眼睛。

那是一个初秋，我一本一本翻动着放在单位的书。突然，我感到书页间有个"文字"在动，在快速移动。只是与旁边的黑字不同，它是白的，奇小无比，小得几近于无。开始，我还以为自己眼花，凝目定神、仔细辨认，确是一只书虫。

于是，我蹑手蹑脚、轻轻将书移近窗户，对着阳光，细心观察，确定无疑它就是一只书虫：白如书纸，小似针尖，轻若纸屑，动若步行。为了能多多欣赏它，我将书平铺于案，它一走近书边，我就用指甲尖将它轻推到书中央，再观看其表现。一而再再而三，书虫仿佛不知，它似乎将书页当成广阔无垠的天地，自顾自地、自由自在地畅行。这样，我与虫子相处了小半日。

本想将书虫收藏起来，但担心它离不开书，更担心其遗失或死亡，也就没那么做。终于，我失了耐心，让书虫越过书的边缘，离开视野，去了它想去的地方。不过，自此之后，这只针尖大的书虫就一直活在我心中，也让我浮想联翩——

书虫来自何处，去了哪里？它一生就生活在这本书的不同页码里，还是另有一个家？

书虫的寿命几何，它也有五脏六腑吗，是否会呼吸、思考、想象和恋爱？如果有，是朝生暮死，还是比人类更长寿？书虫整体是如此之"小"，它如果像人一样真有内脏，那是多大？小得不能再小的心脏，又如何能支撑小书虫强大的功能，让它行走如飞？结合体积与速度的关系推断：小虫的行速非同一般。

书虫能否看到我？以人是世上的主宰看，这只书虫一定不值一观，甚至可忽略不计；不过，去掉人的虚妄特别是无知，这只书虫恐怕远非我们想象的那样简单。在书虫眼里，"我"是个庞然大物也未可知。如果它真是饱学之士，一定知道拉伯雷《巨人传》中的庞大固埃，对"我"恐怕产生过某种难以言说的优越感。在它看来，"我"读了这么多年书，竟不如它博学多才，岂不是笑话？倘若这只书虫真是个智者、修士、得道者，被我拨弄了半日，也是够有耐心的。

书虫会不会幻化，尤其是能否变为人形？在中国古代神话和传奇小说中，万物被赋予特殊功能，如蒲松龄的《聊斋志异》。如果这只书虫也有这种本领，那我就太小看它了，也看轻了此次奇遇，因为我听不懂它的语言。否则，这只小虫怎么可能在这样的特殊场合与我相见，伴我玩了半日？

半日之于书虫，是太长还是太短？是不是常人所言："山中方一日，世上已千年。"

多年过去了，我一直希望再见到这只小书虫，更希望它能有所幻化，给我指点。我特别希望它真是人类难以理解的智者，给我指导和启示。

这样的想法，恐怕是不可能的。不过，这又有什么关系？重要的是，我曾与这只小书虫相遇过，并生出许多难言的想象。

这是一些长了翅膀的想象，就如来自天宇、每年都要飞向人间的雪花一样。

精彩
——赏析——

　　全文以书为线索，从作者自身角度出发，借自己家中图书的数量和任何时间地点都能看书的状态，表现出自己对书的痴迷，并展开叙述。然后，作者将书拟人化，从书沉睡到被人唤醒，给读者营造了一个活泼、生动的画面。"我简直就是一个书虫，是以'书'为生的书生"和"我这个'书虫'遇到了一只真正的书虫，让我难以相信自己的眼睛"是文章两个过渡句，总结上文的同时引出下文内容，并清晰明了地将文章划分成两部分，即前半部分讲述作者便是书虫，后半部分讲述作者遇到了真正的书虫。其间多次运用比喻和拟人的修辞手法，将作者对书的痴迷之情表达得淋漓尽致。

面　孔

🌸 心灵寄语

> 世上最难得的是孩子的脸：自然、清纯、绽放、和谐、幸福，像一首动人的小诗，一股从山涧小溪里潺潺流淌出来的清泉。

在人身上，"脸"可能是最有特色的，也是最生动、最神奇的。

一个人长出五指，甚至六指或多指，都不奇怪，因为大致差不多；一张脸就大为不同。

在脸上，一下子集中了那么多器官，眼、鼻、嘴、耳，还有头发、眉毛、舌头和牙齿，是个集大成者。不仅如此，这些器官的每一个都十分重要，不可或缺。

眼睛是用来看世界的，它是心灵之窗。鼻子不仅可以嗅闻，还是脸上的最高地，居于中心位置，不可谓不重要。嘴的位置偏低，却是吃喝、说话的进出口，尤其是嘴唇能自由屈伸、上下张合和随意碰撞，还可以发声，用它撮起来吹一支长笛或洞箫，更能发出婉转悠长的乐音。舌头更不得了，它色泽红润、味蕾发达、伸缩自如，还是发声的关键部件，一如乐曲的弹簧，那些长于口技者多赖于此。耳朵更不可忽略，它虽长在头的两侧，处于脸的边缘，但听力极佳，也起到重要的平衡作用。试想，若无耳朵的一张脸，那还叫脸吗？

像猪八戒的大耳朵，就让人的一张脸变丑了。在脸上，耳朵一向不为人重视，但有或没有、过大或过小，都大大影响观瞻。还有脸面，虽然每个人都有一张脸，但皮之厚薄、黑白、松紧、平皱都不同。至于眉毛，其长短、浓淡、有无、上下、润枯、粗细等，都有区分，给人的感觉也很不一样。

脸上的五官还有戏剧性变化，这常为人忽略。据说，古代舜长了双眼仁，即重瞳，所以目光如炬。高明的画师在画人时，往往先不急于点睛，担心一点睛，画中人就会变成真人，不翼而飞。川剧中有一绝技叫"变脸"，同样一个人竟能在瞬间变出多张脸。关羽的脸呈枣红色，张飞的胡须如钢针，曹操的脸白得吓人，时迁长了三绺鼠须。在现实中，如有下面情况也不足为奇：在一张大脸上，长着绿豆般的一双小眼睛；一张精瘦的脸，被大嘴、厚唇、白牙点缀；柔如春风的面部，竖着高高的鹰钩鼻；黑面薄唇里，长着两扇铁门牙；在小头小脑上，生就了一对扇风耳。但这些都没有关系，不同的脸代表不同的性格和心灵。当然，有时很难说它们是好是坏。

有的人脸上有光，有大光照临，观音就是。她五官端庄、天庭饱满、下阔方圆、目光慈祥、心定气闲，是智慧的象征。有的人脸上充满威严，一见之下令人震撼，如门神之类。门神历代不同，有的用钟馗、秦琼、尉迟恭，有的用关云长、张飞、赵云、马超、孟良、焦赞，他们似乎掌握着人的福祸命运，特别是避免邪气疾病入侵。有的人脸上充满喜庆，是无忧无虑的那种，典型的如年画中的童子。这些童子往往都是胖娃，满脸洋溢着美满、快乐、憨厚、亲切、喜悦，一见就觉得有福运来，幸福感也就变得绵密悠长。中国人常说，一个人长得丑俊不说，最重要的是喜庆或喜性，特别是找对象时，不论男女老少都有同感。相反，一个人五官长得再好，总阴沉着脸，满脸横肉，目露凶光，肌肉僵硬，就很难有好运来。当然，被过度整容或各种化妆品包裹得看不清本来面目的脸，不在讨论范围之内。

小时候，我村有个奇女子，她不仅人俊，五官端正，皮肤白皙，且歌声动人。最让我佩服的是她会做鬼脸，能让五官不断变出花样。比如，让两眼一睁一闭，速度极快，让人目不暇接。至今我只能让左眼睁、右眼闭，反过来则不成。她还能让俊俏的鼻子上下左右扭动，像她柔软的腰身，也如一人在舞蹈。春天到来，她就一边用舌头打着响声，发出各式各样的声音和节奏；一边顺手从树上扯一片叶子，放在嘴上吹出婉转动听的曲调，仿佛是从仙国飘来的。此女子还有一绝技，即将嘴唇撮合起来，变成一朵艳丽的花，于是嘴唇为花瓣，舌尖为花蕊，再配上腮红和不断转动的眼波，令人感到万分惊诧。

我没将这些绝活学到手，只会将嘴唇变成一朵花，但这花儿显然更像老太婆没了牙后的嘴巴。即使如此，我也非常知足，并常以此为乐。儿子小时候哭闹，我会做这个动作，他眼中就会露出惊异之色。一次，在地铁里，身边坐的是一年轻母亲，不知为什么，她怎么也哄不好在怀里大哭的孩子，以至于变得急躁不安和暴跳如雷。可是，当孩子转过头，我突然将嘴唇缩成一朵花，这让孩子突然停止哭泣。在好奇心驱使下，孩子不断回顾，于是一路平安无事。多少年过去了，不知道在这孩子的心中，是否开放着一朵由嘴唇和欢乐制成的花？

脸之所以被称为脸面，就因它总以面目示人。关于一个人的身体，别的部位都被衣物包裹，甚至于一双手也常戴手套，但脸却往往露在外面，一是给人看，二是方便看人和看世界。有的女子，即使以衣物裹头和包住脸，也还露出一双美丽动人的大眼睛。这是与外界联系的通道，也是一面镜子。

世上最难得的可能还是孩子的脸：自然、清纯、绽放、和谐、幸福，像一首动人的小诗，一股从山涧小溪里潺潺流淌出来的清泉。

精彩 —赏析——

　　面孔，是一个人最为直观、最具特色的部位。作者以此为灵感创作了本篇文章。文章先是运用对比的修辞手法，将脸与手指的不同进行比较，突出了脸的不同。然后，以略写的方式分别讲述了面部器官的功能及其重要作用，同时借用川剧中的"变脸"提出不同的脸代表不同的性格和心灵的观点。后文通过分别列举历史人物和现实人物的面孔特征来论证此观点，而结尾处总结全文的同时指出"世上最难得的可能还是孩子的脸"，升华了主题。

柔软的毛发

> 浓郁的长发和须髯一直在眼前和梦中飘动，其悠然和超然像美好的人生景观，更像庄子笔下那个吸风饮露、不食人间烟火的"真人"。

常言道："皮之不存，毛将焉附。"说明"皮"比"毛"重要。不过，在我的生活体验中，"毛"比"皮"更重要，它以不同的方式给我带来很多启迪。

童年时光，我很爱大、小动物，对其毛发多有接触，感受良多，体会也非常深。

记得，家母买回几只小鸡儿，一律的嫩黄色，像初春柳树的色泽，它们带着最纯粹的光色，吸引了我的目光。我用手去触摸它们，母亲不允，担心伤害这些弱小的生命。当看到我小心翼翼的，母亲才勉强同意。像捧起一朵云彩，我将毛茸茸的小生命托起，靠在脸上，充分体会那种柔软得不能再柔软的感觉，这恐怕是我体会柔软毛发的开始。后来，小鸡儿一天天长大，它们的毛色也开始变化，当长了翅膀，能生蛋，顺着其肚子底下温热的软毛拿出刚生的热乎乎的鸡蛋，我就会心生感慨，还产生关于"毛"的神奇赞叹和美好想象。

哥哥养了两只大白兔，一公一母。它们有一双红红的眼睛，嘴巴总是不停地咀嚼，一跳一跳地，永不得安闲。至今，我的手上和心中，还留着兔子毛发的温情：兔子的胡须硬而长，毛却柔而软。当双手从它肚子下面抱住，就有一种抱着一团棉花的感觉，特别是从兔子身体发出的温热，那是一股暖流，能透过皮毛传达出来，让童心一下子融化了。当兔子毛长长了，哥哥就让我帮他抱住兔子，他将它身上的毛剃下来。我不明所以，就问哥哥为什么这样做，哥哥就说，兔子毛可以卖钱。我又问兔子不痛吗？哥哥摇头。那时的我，总感觉被剃毛的兔子很痛，所以哥哥每拔一次，我的心就收紧一下。当圆球一样的兔子被剃掉毛，变成一个瘦子，有的地方甚至露出红皮，我就难过至极，有犯罪之感。哥哥就会安慰我，说兔子的毛太多太厚，会热得受不了，这样我心下略安。看到被"瘦身"的兔子像无事人似的继续蹦蹦跳跳，我一直悬到嗓子眼的心才落下来。

我家还养过两只大白鹅。它们是一对夫妻。白鹅特别爱干净，它们常到村头的池塘洗浴，出来时身上一尘不染。用手抱住它们，铁一样的翅膀透出细毛的光润；提着它们的长脖子，在沉重感中又有一种难言的细腻和温存。白鹅常高昂着头，迈着方步，声音嘹亮，羽毛丰满，像个战士，又似公主。事实上，在鹅身上，特别是透过毛色，能看到一种刚强与柔软的绝妙结合，水乳交融般的融化。有时，在村庄路上或某一角落，会有一枚鹅毛，它随风而动、硕大美丽。此时，我就会追上去把它捡起，用水洗净，置于身边，成为珍藏。闲来无事，拿来有些轻飘的羽毛，悠然欣赏，乐在其中：一端是中空的柄把，其余为细毛装饰的扇形，当对着阳光或微风细察，光的闪耀与毛的流动就会成为我的呼吸，在心海中不停地荡漾开去。原来生命可以此种方式存在、展开、渲染。

　　家中曾有个漂亮花瓶，上面插着一个鸡毛掸子，我常将它想象成花瓶上开着的花朵。当有灰尘覆上桌面，母亲就会用掸子轻轻拂去尘埃，举止缓慢温情，仿佛在圆一个逝去的梦。闲来无事，我常拿着掸子玩赏：用花瓣一样的羽毛在手上、脸上轻轻滑过，感受其丝绸般的质感；迎着从纸窗外照射进来的阳光，欣赏其流动的艳丽；在旋转和轻摇中，观赏其舞动与震颤之美。我还常在那些寂寞的乡下时光，一人怀抱这个鸡毛掸子，做梦一样的遥想：那些鸡的肉身早已不在，但它们的灵魂却幻化成诱人的羽毛，仍保留着难以想象的生命的鲜活。可惜的是，数十年时光已过，这个鸡毛掸子不知去向，也不知道它的生命是以何种方式延续？

　　家母早逝，连张照片也没留下，触动我记忆的是她那头如云一样的乌黑浓发。母亲有个好听的名字，她叫"赵美云"，小名叫"凤"。40多岁了，还用一个黑铁丝似的发卡拢着头发。头发像一阵风也像一挂瀑布，常在我的梦中飘动，象征着她匆忙勤劳的一生。至今，我早不记得母亲的面容，但她的头发却历久弥新，也一直滋润着我的光阴日月。

　　婴儿从出生到逐渐长成，浓密的毛发是显著标志。禽兽以毛发保暖、彰显自身的美丽，也为人类做出巨大贡献。山岭有毛发般的草木，才避免秃山秃岭。树木枝叶葱郁，那多像人的可爱的毛发。毛发给我的童年留下极深刻的印象，说它曾点亮了我小小的心灯，也并不为过。

　　读大学时，毛发更多进入我的视野，主要是通过书本知识，这也是我理性发展和智慧生成的标志。

　　读鲁迅的小说《头发的故事》，一下子点燃我对毛发的省思。在别人看来，说毛发近于无聊，但鲁迅却从辫子说起，一直说到中国文化，也让我看到毛发后面大有深意。鲁迅还在《说胡须》一文中，谈上翘、下垂的胡须与古今中外文化的关系，读来甚是有趣。文章写道："清乾隆中，黄易掘出汉武梁祠石刻画像来，男子的胡须多翘上；我们现在所见北魏至唐的佛教造像中的信士像，凡有胡子的也多翘上，直到元明的画像，则胡子大抵受了地心的吸力作用，向下面拖下去了。""我以为拖下的胡子倒是蒙古式，是蒙古人带来的，然而我们的聪明的名士却当作国粹。""当我年轻时，大家以胡须上翘为洋气，下垂者为国粹，而不知这正是蒙古式，汉唐画像，须皆上翘。"

在接触书法的过程中，有一种神奇的感受：将狼毫、羊毫、鼠毫、兔毫等固定于竹管一端，即可蘸上墨汁在宣纸上书写，于是呈现出风格各异、线条千变万化的书法作品。试想，如此柔软的毛发，怎能将一个人的精、气、神包裹起来，通过腰、臂、肘、腕、手、指、竹竿传达出来，然后落在柔软的纸上，于是有了行、楷、隶、篆、草书，有了轻重、徐疾、肥瘦、粗细、浓淡、枯润、美丑等无穷无尽的变化？这真有点不可思议了。由此，也将自己的童年经验贯通起来，原来被剃掉的动物毛发，还会如此大有用途，生成辉煌灿烂的书画艺术。不过，也正因此，对那些不断被剃掉毛发的动物，我产生一种说不清楚的伤怀。

还有那些皮毛衣物的兴起以及市场的高额利润追求，从而导致对动物特别是对珍稀动物的惨烈屠杀。随着现代意识的觉醒，我对毛发的思考进一步加深。比如，到了商场，看到那些高级皮衣特别是暖软的貂毛大衣，已不是童年的美好感受，而是一种心灵惊悸；看到那些名贵皮鞋，就禁不住想起小时候杀猪的惨烈场面，猪毛被铁钩硬生生从猪身上扯下；摸着那些牛皮、鳄鱼钱包，一种"皮之不存，毛将焉附"的痛感也会油然而生。其实，毛发之于万物，那是生命和温暖之所在；一旦过于功利为人类所用，那就变成非常可怕的景况。

翻开书籍，我容易被与毛发相关的著名人物吸引。莎士比亚的头发造型是一首诗，一首让人过目不忘的浪漫曲。马克思、恩格斯的头发和胡须格外引人注意和让人浮想联翩：蓬松浪漫的张扬，富有弹性的质感，金光闪动的神秘，再配上闪烁着智慧温情的眼睛，你才能理解其间包含的自由和人格光亮。托尔斯泰的胡子像飞瀑直下，在浓密中包含了崇山峻岭般的激情。萧伯纳的胡须让人想到绵羊毛，在刚柔并济中有俏皮的智慧生成。在中国历史上，有美髯公之称的大有人在，像关羽、翁同龢、曾国藩、于右任、丰子恺、齐白石都是如此。抗战期间的周恩来、梅兰芳甚至蓄须明志。康有为、李大钊也有不同寻常的胡须：康有为是典型的鼠须，有古人所言的"捻断数茎须"的特点，其间包含了某种智思；李大钊是八字须，给人以"铁肩担道义"的纷披，极显潇洒大气。这是一个关于头发胡须的美好故事，是古往今来往往不为人注意的宝藏。其间，不只是毛发的故事，也有关于生理学、心理学、个性学、审美学、智慧学的大学问。

在侦探小说中，毛发是极重要的破案线索，即使在今天也是如此。在一些考古发掘中，衣饰、皮肉、铁器往往早已腐坏，毛发却多保存完好，成为断代和识人的重要依据。据说，著名画家吴冠中每次到理发店理发，都将剪下的头发用袋子带回。别人不解，因为他们不知道：毛发事小，关系甚大。

年轻时，我有个梦想，那就是：放弃公职，留起长发，蓄起胡须，手执长竿，以化缘为生，周游世界，好好体味这个博大的世界人生。

那时，我将自己想象成得道者，在须发飘飘中一任天然，过自由潇洒的生活。然而，由于种种原因，至今我也未能如愿。不过，浓浓的长发和须髯一直在眼前和梦中飘动，其悠然和超然像美好的人生景观，更像庄子笔下那个吸风饮露、不食人间烟火的"真人"。

精彩赏析

作者借"皮之不存，毛将焉附"反论"毛"比"皮"更重要，这一写法新颖，令人意想不到，激发了读者的阅读兴趣。整篇文章以"毛发"为中心论点，从多个方面阐述了毛发的重要性。首先，作者列举了小鸡、兔子、白鹅的毛发特点，多处采用比喻的修辞手法，从动物的角度讲述了毛发对动物的重要性，为生命增添光彩。然后借此引出人的毛发、毛笔所用的毛发、皮毛衣物、著名人物的毛发等，多方面讲述毛发的重要。全文重点突出，结构分明，中心明确。

说 "足"

> 知"足"难矣！"知足"亦难矣！"知足常乐"更难矣！"足"在脚下，在心中，在道里。

与"手"相比，"足"很少抛头露面，也不炫耀于人，它总是甘拜下风。这不仅因为它的位置低下和落后，也因为它用途单一、其貌不扬。"足"总是深藏不露，颇似人群中的谦谦君子，又像"万人如海一身藏"的隐者。

《山海经》中有一足之动物，它们是夔牛、毕方，可谓天下之大奇！二足、四足者多为人与禽兽，而事实上，马车、自行车多为二轮足，汽车则多为四轮足。有趣的是，飞机则变成了三轮足，有返古意。螃蟹有人说是八足动物，又有人说是十足动物，后说是由于八足加了两螯之故。还有古人云："百足之虫，死而不僵。"这个"百足之虫"指的就是"蜈蚣"。而"千足之虫"为"马陆"。

足之用可谓大矣！人无足不立，鸟无足难飞。试想，有多少人因失足致残而痛苦，中国还有"一失足成千古恨"的古训，讲的也是"足"的重要性！"千里之行，始于足下"讲的亦是此理。飞禽的起飞也是如此，它们尽管主要依靠翅膀，但没有"足"的蹬地发力，起飞是不可能的。所以，有太极高手无须绳系，而将小鸟把玩于股掌之中，就是因为每当鸟以足蹬地欲飞之时，他就用内力将其化解，小鸟足上无力，当然不能展翅高飞。还有，一足跑不过双足，双足跑不过四足，这就是由马车向汽车形成的必然过渡。不过，如果真要说"百足之虫"的速度一定比双足的鸡鸭快捷，那也未必能够令人信服！

从医学上讲，"人老先老腿"。所以，有健身者开创压腿之法，而佛家、瑜伽对于"腿"都十分看重，其高位盘腿、脚成莲花都内含了深厚的功力！现在兴起的"足道"也是重视"足"的一个表征，这一点甚至超过了对"手"的保护。还有人从自然之道的角度畅谈"足"的美与自由！比如林语堂曾写过一篇《论赤足之美》，其中有这样的话："赤足是天所赋予的，革履是人工的，人工何可与造物媲美？赤足之快活灵便，童年时的快乐自由，大家忘记了吧！步伐轻快，跳动自如，怎样好的轻软皮鞋，都办不到、比不上。至于无声无臭，更不必说。虎之爪、马之蹄，皆有极好处在。今者天下之伯乐，多矣。由是束之缚之，敲之折之，五趾已失其本形，脚步不胜其龙钟，不亦大可哀乎？然则吾未如之何，真真未之如何也已矣。"因之，"裹足"与"放足"是保守与解放、传统与现代、丑与美的分界线。

其实，"足"已成为一种文化，因此称其为"足文化"亦无不可！像由"足"组成的语词就有：立足、手足、足下、足金、足球、失足、富足、充足、满足、知足、十足，评头论足、举足轻重、不足挂齿、不足为奇、三足鼎立、手舞足蹈、画蛇添足、金无足赤、捷足先登、空谷足音、美中不足等，这些为大家所熟悉的词语含着中国文化的精髓，如"人无完人，金无足赤"即是中国人对于世界人生、天地大道的深入理解！还有"足球"，它不仅仅像西方人理解的那样只是一项体育活动；从中国文化的角度看，它更是一种有关"足"的文化，是"足"的诗化人生，是"足"的艺术化哲学。还有跆拳道、泰拳等武术都是对于"足"的最好注释，其中有大道存矣！难怪中国武学中有"手是两扇门，全靠脚打人"的说法。

不过，中国文化的精妙之处更在于：不拘泥于"物"，还要注意它后面的深意，包括那些相左、相反、相对甚至难以言说的方面。所谓"管窥蠡测""君子不器""羚羊挂角，无迹可寻""只可意会，不可言传""空中之音、相中之色、水中之月、镜中之像"等，即可作如是观！以蛇为例，它虽无"足"，却在草丛间、沙漠里疾走如同闪电；风云无"足"，但能飞渡山水，天马行空，悠然飘荡；鱼水无足，可有大自由、大自在、大逍遥。还有梦想、爱情、诗意也并无"足"，但它们可以纵横驰骋、上天下地、无孔不入。因此，有时又不能对"足"进行机械化的理解，要将它与"心""情""梦"联系起来考虑。不是吗？有人失去了双脚，但却在轮椅、电脑上实现了自己的梦想，成就一番大业；也有人双足完好，但一生却一事无成，甚至走上犯罪之路。所以，有时"足"是有益、有助、有功的，但有时它也会成为一种负担和羁绊！

若要进一步探根寻底，那么这个世界上的一切都是有"足"的，没有"足"就没有附丽，没有根，没有生存与生命，也就不会有美。蛇之"足"在"大地"，风云之"足"在山间，鱼之"足"在水中，水之"足"在河床与海底，梦想、爱情、诗意之"足"在人的心灵。归根结底，"足"在于天地自然，在于其间的"大道"。就如同天空的风筝，它的飘摇奋飞、悠然自得似乎是无"足"的，但其丝线却握在人的手中！正如老子所言："谷神不死，是谓玄牝。玄牝之门，是谓天地根。绵绵若存，用之不勤。"在此，"天地根"可理解为"天地"之"足"也！

"天足"，一面可解为"自然之脚"，即未受限制和异化之"足"，与"裹脚"和"三寸金莲"正相反；另一面又可解为"天地之脚"，是谓"天地根"，是天地之大道之所在！世界上的"足"多种多样、难以尽数、不一而足；但是，寓存天地大道的"天足"则为"一"，那就是谦卑、不盈、内敛、和光、同尘。

知"足"难矣！"知足"亦难矣！"知足常乐"更难矣！"足"在脚下，在心中，在道里。

精彩
── 赏 析 ──

文章开篇以"手"论"足"之重要性，足为"万人如海一身藏"的隐者，可谓是深藏不露，并借用《山海经》中的一足之动物总体论证中心观点。然后，作者多次运用举例论证的方法，从现实、医学、文化的角度分别强调"足"的重要性。文章结尾处，作者引用老子之言"玄牝之门，是谓天地根"，阐述了"天地根"可为"天地"之"足"的观点，在原有论点的基础上深化论点，是文章一大亮点。

▶预测演练三

1. 阅读《核桃心事》，回答下列问题。（12分）

（1）作者所说"核桃有着让人最难琢磨的心事"，体现在核桃的哪些特点？（2分）

_____

_____

_____

（2）联系上下文，"这是不懂核桃的结构，更是不解其心事之故"一句表达了何种含义？（4分）

_____

_____

_____

_____

（3）文章最后三段有何作用？（6分）

_____

_____

_____

_____

2. 阅读《书虫》，回答下列问题。（10分）

（1）联系上下文，作者是从哪几方面讲述"书虫"的？（2分）

_____

_____

_____

（2）试分析文章第六段"在书斋里，我是被书室包裹着的那只蚕蛹，在日积月累的努力学习和近于修行中，慢慢咀嚼书页，并悄然涌动，希望有一天能获得知识、思想和智慧，以'蝶化而飞'的方式修成正果"用了哪种修辞手法，有何作用？（4分）

_____

_____

_____

_____

（3）文章的后半部分，作者对书中的书虫提出了一系列的疑问，有何作用？（4分）

_____

_____

_____

_____

3. 写作训练。（60分）

你可曾观察过构成我们身体结构的每一部分，可曾留意过身边不起眼的小事物，比如尘土、毛发……世界的细小事物，其间除了无限的乐趣，还有天地大道存矣。

分析上述文字，写一篇文章。题目自拟，文体不限。字数：600~1000字。

冬青与槐树

🌸 **心灵寄语**

> 　　槐树自卑，常常美慕冬青的丰沛茂盛、低调平稳，有感恩之心。殊不知，冬青却一直向往槐树的真实、自然、自由、潇洒。

　　多少年来，我一直有散步习惯。累了，就会坐在那把固定的椅子上休息。

　　春去秋来，仰天俯地，自有一番心境，也有不少感悟。

　　最显眼的是椅子前后的冬青树，它上面是高大如盖的槐树。

　　冬青被修剪得各具特色，像被父母打扮得水灵灵的小姑娘。那一排排整齐有序，如学生的队列；那一株株蓬松饱满，如一个个大灯笼；那一弯弯温顺和缓，如生动的波浪流水。这一切都被槐树看在眼里，于是不时听到细碎的言语。

　　一阵风吹过，飘动不已、不得安宁的树叶就会感叹："身为冬青多好！脚踏大地，紧接地气，纹丝不动，安稳泰然。"

　　此时的冬青就说："作为一片叶子，在风中摇动有什么不好，我能听到你的歌唱，也有呻吟与悲鸣，这才是真正的生命。你看我，多么无奈，稍稍长出新叶和稚嫩的枝条，刚刚想迎风而舞，就被工人用吓人的锋利无比的巨大剪刀修理了，我只能整齐划一，没了个性。"

冬青接着说："不过，久而久之，我也安心、满足，因为能让人赏心悦目，不能起舞、没了个性，也是值得的。事实上，作为冬青，我也在修行，就像不远处的松树一样。不过，槐树叶也要知足。你依身的大树不也一样扎根大地，有着八风不动的宁定守一吗？"

槐树叶听后，觉得冬青所言有理。不过，它又说："看着你一年四季常青，而我们每年都要忍受飘零的命运。特别是秋风来了，一夜间我们都改变了颜色，青春突然逝去，变得萎黄、干枯。最受不了的是，作为枯叶，落在你们身上，生命形成鲜明对比。还有满地黄叶堆积，被人和动物踩在脚下，化身为泥。可以说，在冬青厚厚的、泛着油光、不老的青叶面前，我们这些失去了灵魂甚至面目全非的枯叶简直是无地自容。"

此时，冬青就会笑一笑，回道："生命的变动是基本的，很少有一成不变的。我倒羡慕你们，春去秋来，有青春的色泽，也有枯黄，还有死亡，完全不像我这样千篇一律得有些单调。另外，当你们落在我们身上，我就感到你们多么幸福：像有一床绿色的棉被铺在下面，你们的金碧辉煌如梦一样舒展，像一首动人的诗。这让我想到白雪，它是另一床白被，看来是盖在我们身上，其实也是为你们这些落叶。试想，下有冬青的绿色被子，上有白雪的白色被子，你们这些枯叶在中间要睡整整一个冬天，多惬意啊！"

槐树高高在上，常俯瞰冬青，但总是充满敬意。它会列数冬青的诸多优势：丰沛茂盛、低调平稳、有感恩之心，自己则一岁一枯荣、树大招风、消耗过多能量水分、常挡住施于冬青的阳光。

冬青就会谦虚道："槐树，你没看到自己的巨大贡献。当烈日当空，你华盖般为我遮挡；当槐花开放，那无疑是一场盛大的节日，果实累累如珠玉，花香四溢沁心脾。特别是槐花散落一地，我有幸被披上盛装，一下子变成等待出嫁的公主，这是我们这些冬青做梦也想象不到的。还有，冬天到来，槐树赤裸于天地间，为我们遮风挡雨，一个天地间大丈夫的形象，往往令我们这些娇小的植物为之动容。"

槐树听了冬青的话，沉默不语。

于是，冬青接着说："你看我们青春永在，其实我们是很稚嫩的，在生命的流动中常有灵光闪现。我们倒觉得，槐树一身粗粝，高大威猛，多少年的光阴将自己磨砺成一棵古木，即使在寒风刺骨中也从不畏缩，哪怕发出痛苦的颤抖和哨叫。不像我们，痛不能喊，苦不能言，冷不能叫，只能顺从大剪刀的威严和摆布。从这个角度上说，槐树比我们活得真实、自然、自由、潇洒。不过，我们也从不抱怨，在我们的牺牲中，是有意义的，也获得了某些省悟，只要能给人类特别是那些活泼可爱的孩子养眼育心，也是值得的。"

槐树仍然无语。它很少听到冬青说这么多话，也想不到在自己心目中完美无缺的冬青竟有这般心思，更想不到自己的自卑竟能获得冬青如此高的赞赏。

于是，槐树用枝干向高天合十，满树叶子在频频挥手中，纷纷向大地飘落。

精彩
—赏析—

　　本文以槐树与冬青对话的形式展开叙述，冬青一年四季的叶子都是绿色，但经常要被园艺师的剪刀修剪成千篇一律的形状供人们欣赏，而槐树高大魁梧，一入秋全身的叶子便开始变得枯黄，随风飘散。槐树羡慕冬青的四季常青，而且经常被修剪得十分精致，对比自身的情况开始自卑。但通过与冬青的对话，在冬青的眼中，槐树发现了自己也有被别人羡慕的优点，对比冬青而言活得更加真实、自由，一年四季形态不同，一叶落而天下秋，自己眼中的缺点变成了令他人羡慕的优点。由此可以看出，我们对于自身的缺点不用过度自卑，每个人都有自身的独特之处，每个人的人生也有不同的使命，我们需要关注的是自己的生活节奏，而无须一味地羡慕他人。

树木的德性

> 那一棵棵老树，苍老中透出盎然的生机，秋风里以金黄的落叶铺地，寒冬腊月以赤裸之身与冰冷对峙。

人与树木间具有天然的缘分：当人类没有进化还是猿猴的时候，他们就以树木为家，以树上的籽实果腹；今天人们住进主要由石块、钢筋和水泥构筑的房屋，同样也离不开树木的庇护衬托，更离不开家具木器的柔和、温暖与芬芳。四月的季节里生命的春意很大程度是树木带给我们的，原本萧条的树木此时长出光润的绿叶，也开放出各种颜色的花朵，以至于令人生疑：那树木之下是否深埋着绿色的宝石、红色的胭脂、紫色的玛瑙、黄色的金子和白色的雪花，否则怎能催生出这片片的美丽？而天寒地冻时节，家中的书架、木桌、木椅、木床以及木地板等都给人以平安、宁静和舒适之感，这是石器和塑料制品永难比拟的。

我常心怀感激，长久注视着那些树木——它们一生很少离开土地而是安详从容地生长着。人类一向认为"树挪死，人动活"，以此说明：人不要像树木那样保守不动，而应该经常变动。如此这般，生命之水方能长流不息。如果从树木与人的区别看是有道理的；但

117

从树木与人的沟通看，这一说法却值得怀疑，因为它蕴含着一个巨大的盲点，即人的异化。

在我看来，现代人的最大弊端不是动少，而是动多了，以至于今天一个主意，明天一个念头，甚至一天几个想法，于是人心不定，精神不宁，意志不坚，思想不深，顾此失彼，三心二意。如今的现代人，如同失了牵线在天空中任意飞翔的风筝，连自己也不知道根在哪里，目的地在何方。而树木则不同，它除了不停地向上生长，向天空不断探询，还将根深扎于地，以汲取泉源养分。树木向上长出多高，也向地下扎根多深，这与只往上长而到一定年龄渐趋萎缩的人类大为不同。况且，树木还有矢志不移、心无旁骛、宁定守一的精神。如果人类在保持自己长处的同时，又能向树木学习，那么思想境界就会大为不同。

迄今为止我仍不明白，树木生活的意义何在，它们春天开花，夏挡烈日，秋天结果，而更多的时候被人砍伐，去充当栋梁、桌椅床棺、书本原料以及燃料等，树木生下来似乎只是为了奉献。当我闲坐在路边或长椅上看空中的飞鸟，那些小生灵常到树上觅食、嬉戏、驻足，甚至筑巢，一种感觉便会油然而生：树木真伟大啊！它是如此心胸开阔、慷慨大方、善良仁慈！当被弱小的生灵踩在脚下，树木不仅不生气愤怒，反而甘之如饴、快乐无限，从颤动枝头的欢乐舞动中可得证明。我想，如果自己化作飞鸟，也会感激树枝的，因为经过长途跋涉，又累又饿又渴又困，多么需要休息一下，补充体力精力，以应付前面更遥远、更艰险的路途。从某种程度上说，长途的飞鸟，它感激树枝远胜于大地。在这一点上，聪明的人类远不如树木：不要说为满足一己之私，人类间展开的生死争斗，就是为富不仁和拔一毛以利天下而不为者，亦大有人在。有时，我看着身边的树木，不知树木是否也在看我，看熙来攘往的人类？如果树木有知，对于人类的躁动和自私将有何感想？

我还常被一棵棵老树深深打动，那是些怎样不同凡响的树啊！长寿得几乎如同人类的文明史，苍老中透出盎然的生机，秋风里以金黄的落叶铺地，寒冬腊月以赤裸之身与冰冷对峙。每当此时，对老树的敬仰之情，与老树相比的自惭形秽，就会充塞于我的胸间。不过，在我的生命中，许多动力、精神、同情与信心都来自老树，它们是我理解人生、人性和天地自然的名师。还有另一种奇怪的现象：一根同生数枝的树木，这些树枝能和平、和谐而又自在地生长，这比人类高明多了。为了权力、地位、财产、名声甚至什么都不为，即使是兄弟姐妹、师兄师弟，有多少人互相嫉妒、仇视，以至于相互残杀。曹丕和曹植兄弟以"七步诗"展开的争斗即是典型例子。一母所生和同门情谊，本该相互携手，共同抵御人生的风霜雨雪，然而，恰恰相反，他们往往比别人更勇于争斗残杀。在此，人类反不如树木。一根同生数枝的树木，颇似翩翩起舞的花瓣，在阳光明媚中滋荣，在风雨飘摇中如潮如歌。

树木的家乡在森林，在人迹罕至的地方；树木喜爱集体生活，并注重同伴友爱，而人类却将它等距离栽种；树木性喜清洁宁静，人类却让它吸食尘埃；树木最爱自由，愿意淋浴清风明月，乐于和浮云流水为伴，人类却将它迁到都市，使它深受各种束缚。为此，我常为树木抱憾，也心怀感激。从树木的角度看是怎样的，我不得而知。但有一点可以肯定，那就是树木在许多方面远比人类高尚慈爱。

张晓风曾在《行道树》中谈过树木的心情，可以帮助我们理解树木的精神。作者让"树"自己说："许多朋友都说我们是不该站在这里的，其实这一点，我们知道得比谁都清楚。我们的家在山上，在不见天日的原始森林里。而我们居然站在这儿，站在这双线道的马路边，这无疑是一种堕落。我们的同伴都在吸露，都在玩凉凉的云。而我们呢？我们唯一的装饰，正如你所见的，是一身抖不落的煤烟。""落雨的时分也许是我们最快乐的，雨水为我们带来故人的消息，在想象中又将我们带回那无忧的故林。我们就在雨里哭着，我们一直深爱着那里的生活——虽然我们放弃了它。""立在城市的飞尘里，我们是一列忧愁而又快乐的树。"面对树木的精神境界，作为一向以聪明智慧自居的人类，还能说什么呢？我们只能对树木感恩戴德，多向树木学习，努力克服人类在所谓进步过程中出现的异化现象。

精彩赏析

本文主要以议论的形式进行了"树木"与"人"在德性上的对比。在作者看来，树木与人类从原始社会到现代社会，都有着千丝万缕的联系，给人类的生活带来极大的便利。树木的稳重、坚韧、团结，与人类的浮躁、自私、相互仇视、尔虞我诈形成了强烈的对比。作者对树木的从容宁定、奉献精神、长寿恒久给予赞扬，树木拥有许多高尚的品格需要我们学习，最后引用张晓风在《行道树》中的语段结尾，把"树"的精神境界与以聪明智慧自居的人作对比，值得我们进行反思。

我的书房

🌸 **心灵寄语**

> 对于爱书者或文人学者来说，书房是根本。我们在其中作茧自缚，获得安定与从容，也有了某种自信与信仰。

如果做个测试：你去问每个人，最想要什么？答案一定五花八门：有的要钱，有的要权，有的要爱，有的要吃，有的要喝，有的要玩，有的要闲，有的要工作。而对于那些爱书之人，最渴望的恐怕是书房。

不少读书人读写了一辈子，最后连个书房的影子都没得到；反倒是那些不喜欢书的有钱有势的人，给自己弄了个大书房，有些为装点门面甚至弄假书套代替真书。这不能不让人感到好笑，也有些讽刺意味。

笼统讲，我自小算是有书房的。虽生长于农村，又是农民之子，家里一贫如洗；不过，因为爱书，我也收藏了几本旧小说，还为自己搞了个大间"书房"（一整座房屋）。只是这"书房"不由我专用，被用来放置米面、杂物、柴火。它的三间房连为一体，并未隔开，中有土炕、灶台、高大的书桌。当打开阔大的南窗，春风秋雨时节，窗外菜园的瓜果芬芳就会丝丝缕缕飘进来。那是我人生中最杂乱、破旧的时光，但因为有宽敞、美好的大书房，所以并不感到痛苦难受。

1989年，我研究生毕业，在济南的工作单位分给我一套两居室新房。当时，爱人在北京工作，只有我一人在济南，于是我将朝阳那间大房间用作书房。记得当时的书不多，也没买书架，只用几个纸箱子盛放。为了方便读书写字，我特别定做了一个大书案，占据房间最好的位置。因木头未干，大书案逐渐变形，后来四面向上翻卷，形似小船，也像风帆，极具幽默感。当阳光朗照，透过窗户进来，我就在变形的书案前，大声诵读诗词歌赋，临摹书法，尽享自由、快乐、潇洒、幸福的时光。按真正的书房标准，我这个书房极其简陋，很不完备；但不能说它不是书房，因为它真正由我一人专用，书卷气息相当浓郁。

1993年，我到北京读博士。每位博士都有一个大房间，于是有了卧室兼书房的高级待遇。那时，导师林非先生的书房只有几平方米，到他家上课，师生坐在里面亦显局促。不过，这也挡不住天地之宽的胸襟和心怀。毕业后多年，我住爱人单位在东城区赵堂子胡同的一间集体宿舍，无书房可言；直到1999年，单位才给我们夫妻分了一套小两居，这是我在北京有书房的开始。

书房极小，只有8.8平方米。楼房是东西向，这间书房又是西屋，西晒厉害。特别是夏天，小屋如同蒸笼般闷热。由于靠近大马路，人声、车声喧嚣，有时半夜还能听到进城大卡车震耳欲聋的轰鸣，以及年轻人无所顾忌飙摩托车的刺耳声。因为无空间放书架，只好将书高过人头堆放在墙角，这使房间更拥堵。还有，楼下住房多变成出租屋，开饭店者将油烟放上来，总不敢开窗。至于楼上出租房，因不断变换主人，就难免总在装修的命运。当用电钻揭启瓷砖，就有一种难忍的刺耳声往头顶和心里钻。窗外阻挡烈日的外罩，时间一长特别是被风拂，猎旗般呼啦作响，很快就会朽掉。

不过，这间袖珍书房令人难忘，也成为我生命的一部分。不要说我在此住过 16 年，许多著述都在这里写成。像《闲话林语堂》一书的写作经历，整个夏天，由于没装空调，唯一的电风扇被我调转方向，为烫手的电脑降温，我则光着膀子汗流浃背书写，充分体会苦与乐、汗水与泪水、悲悯与感恩、播种与收获的滋味儿。另外，房间虽小，作为书房的独立与自由是一样的；书籍堆积如山，寻找极不方便，但书与人同居，彼此都不孤独，在知音之感中似乎能听到彼此的心跳；书房有窗，就能摆脱牢笼感，有了向外观赏的眼睛，这是心灵之窗。我特喜欢下雨，尤其是夜雨，透过窗户和灯光，听风声雨声，看路灯光用双手弹奏雨丝的竖琴。每当此时，我都舍不得睡觉，或躺在床上听天地鸣响，或步入室外雨中散步，在周身淋漓中体会生命的悲喜交集。后来，儿子大了，这个 8.8 平方米的房间就属于他；再后来，儿子出国留学，我又重新成为它的主人。

如今，我又有了自己的大书房，这是真正的书房。不仅房间大、宽敞明亮，还有了高大漂亮的书架。开始是一排书架，后来又加了另一排，这样整个书房极其壮观。人在其间，自有一种文化自信和雄心壮志，这是真正的"书"的房间。除了书房，我的书遍布全家，40 多平方米的客厅有 6 米长的书架，各房间也都有书架，连走廊也被书架占去大半，于是我的整个房子成为大书房。有时，即使不读书，在家中走走，也有一种美好感受，这是真正的书的山海、书的家园。

每次搬家，书都是我优先考虑也是最费周章的事。为我搬家的民工总在劳顿中露出钦羡之情，并惊异地问我："从没看到这么多书，简直成了图书馆。这些书，你都看过吗？"答案当然是否定的。对我而言，书除了看，还可倾听、欣赏、把玩、对话和收藏。许多人活得无聊，一个爱书人就不同，书是慰藉与伴儿，也是灵魂的知音。

前几年，我将包含8.8平方米书房的房子挂出去卖。本想，先将书搬走，再让人来看房，会显得干净、宽敞、舒服些。没想到，有位妇女突然敲门进来，说要看房。我原来担心，屋子里到处是书会让买家不快。结果出人意料，她看过后立马决定买房。后来，从中介那里才知道原委：买方听说，我一家人都喜欢读书，儿子初高中都在人大附中读书，还考上美国的常春藤大学，对我家房子心有所属。当看到我家有那么多书，震撼之余立即决定要这套房。中介还说：这位妇女看了大半年房子，都不满意，不是"脏"，就是"俗"；然而，一到我家，就被满室书香吸引，她的孩子也表示喜欢。买方当时还到我8.8平方米的书房，认真欣赏了一番，她既喜欢这个吉利数字，又感到它的温馨与儒雅。

是啊，书房虽小，它给我们的知识、温暖、快乐、成功、智慧一点也不比大书房少。离开袖珍书房已近四载，每每路过楼下，或坐在大书房里，甚至在梦中，都会想念它，也感戴它的奉献与赋予。那里装着儿子的童年与少年，也有我人生最美好的黄金时代。

对于爱书者或文人学者来说，书房是根本。我们在其中作茧自缚，获得安定与从容，也有了某种自信与信仰。同时，知识和想象的翅膀又让我们羽化而飞，变成轻灵的蝴蝶，飞向理想和梦想的天际。

精彩
—赏析——

　　本文以"书房"为主线，向我们讲述了作者从幼年到中年不同时期自己书房的变化，从最早的兼顾放置米面杂物的破旧柴房，到参加工作后的朝阳大书房，再到迁居北京后仅有的 8.8 平方米的小书房，书房不仅是作者童年的梦想，也是作者在大半生的工作学习中的精神寄托。在这里，儿子考上了美国的常春藤大学，作者度过了人生的黄金时代。甚至在卖房时，买家都因为家里的书香而爽快成交。可见无论环境的好坏，爱书之人的儒雅气息都足以让整个家庭熠熠生辉。

家住"四合院"

> "四合院"好像一把大梳子，过道是梳子的柄部，几排房子是梳子的齿儿，几个院子是齿缝，过道的尽头有棵生机盎然的古树，权当梳子的彩线坠子吧。

老北京到处是四合院，而今成了新奇。

据说，没被拆除的四合院，在北京已经很少了，不仅价格昂贵，也不易见到。我曾住过四合院，在北京东城区赵堂子胡同 14 号，而且住的时间很长，从 1990 年到 1999 年整整 10 年。

严格说来，这个四合院不是真正意义的北京四合院，是一个杂院，只是形式上像"四合院"。它坐落在一条只有数米宽的胡同里，北面斜对着是著名诗人臧克家的 15 号院。两个院子像两个盒子，被挂在彩带一样的胡同两边。胡同东面不远处是五四运动时被火烧的赵家楼；向西横穿南北马路，不远处是蔡元培故居；北面的赵堂子胡同 3 号，是北洋政府政要朱启钤故居；向东南走 10 分钟，是我所在工作单位中国社会科学院，单位旁有明清考试的北京贡院。

我们的四合院有两扇朱红大门，朝北，它高大、厚实、沉重。进门是一条长长的过道，前几米有顶棚遮盖，后面是露天的；左边是高高的院墙，将风景挡在院外；右边分别是一进院、二进院、三进院，自北向南依次排开。四合院的结构图像一把大梳子，过道是梳子的柄部，几排房子是梳子的齿儿，几个院子是齿缝，过道的尽头有棵生机盎然的古树，权当梳子的彩线坠子吧。

我家住在二进院中间。这是由相对的两排平房组成，房子不高，但宽广舒展；房子中间的院落宽阔，空间较大；抬头可见广大的天空，并不时有鸽子、燕群飞过。当时，我住北排，对面一家的孩子叫大宝，大宝家东邻一家的儿子叫小坤，正在读高中。北面第一间住了一大家子人，有一对老夫妻和大女儿、大女婿，还有大女儿的两个正在准备高考的儿子，他们与中院的小坤是姑舅兄弟。就是说，小坤的父亲是老夫妻的儿子，小坤父母曾在上海当知青。记得，老夫妻的大女婿长得周正，话不多，总和颜悦色。他很会做饭，常在大门左侧的小平房里炒菜，香气四溢，漂亮的妻子很有福分。

三进院即后院，我很少去，除了去附近的公厕，就去过一两次。有位季师傅的儿子比我儿子大几岁，他俩常在一起玩。另外，这进院有点特别，常牵着我的思索和想象，据说中国社会科学院的著名学者杨义、袁良骏、施议对等都曾在此住过。

10年时光是我们这个小家最值得留恋的。妻子大学毕业被分到中国社会科学院，先租住在和平里一个四合院。房间很小，地砖渗水潮湿，一对老夫妻和女儿女婿非常善良，给她很多关照。后来，妻子搬到这个四合院，伴它走过更长时光。1993年我来北京读博士，之前在山东工作6年，我们饱受夫妻分居之苦。那时，每次来京探亲，都能感到这小院和小家的浓浓情意。白天我们夫妻在离家不远的长安街散步，晚上睡在用几块木板自搭的床上。虽只有一间房，里面附带的厨房狭小而潮湿，冬天还要自生煤炉，但一点儿不缺温暖，特别在遥遥无期的分居中，从未失去希望和信心。有个春节，我们没回老家过年，大年初二并坐在床上看电视剧，《雪山飞狐》那首颇有诗意的主题歌，照亮过我们的人生，也留下美好的回忆。

小院的主人都爱花，前、中和后院种着各式各样的花。春天到来，院子里百花竞放、姹紫嫣红，打开前窗、后窗，花香四溢，可充分享受春天的灿然。冬天，雪花纷飞，一片片仿佛天使般纯洁浪漫。它们落在院子的树上、房上、地上，还有用来过冬的煤球和白菜堆上。此时，我们用胶带将木门、木窗的缝隙封好，将风雪关在门外，在房间生起炉火，高大的炉里红光炽发，一种热能很快让房间充满春意。那些年，从准备过冬的煤球，到安装炉子和长长的烟筒，再到生火和烧水，虽然麻烦甚至危险，但却熟练掌握了技巧，从没发生煤气中毒事故。炉火在熊熊燃烧，它将一大壶冰冷的水烧得吱吱震响，热气从壶嘴升腾而起，唱着快乐之歌，也是幸福的画面。

儿子主要在此度过童年。他在小院对面幼儿园两年，将欢笑、歌声、哭闹甚至顽皮的表情都留在那里。儿子从小长得可爱，颇爱读书、画画、唱歌。他常常一大早自己搬个小凳，穿一件绛紫色背心坐在门口的藤萝架下静静看书，专心程度令人诧异。这不时招来哥哥、叔叔、阿姨、老爷爷和老奶奶围观，还引逗他背诵古典诗词，人们往往为其超强的记忆力征服，并发出啧啧感叹和赞叹之声。

这个小院充满温暖和美好。大家做了好吃的，相互赠送，一为孩子，二为那份难得的缘分。有时，遇到急事，邻居都会主动帮忙接送孩子，帮着代管孩子。晚饭后，孩子们一起玩耍，大人就坐在院子里拿着大蒲扇乘凉，天南海北神聊，没任何生分，仿佛一家人。小坤一家在四合院中人最多，他们纯朴善良，前后院对其评价都很高。那时，小坤的父母是商店售货员，站柜台很辛苦，回来总喊腿累得受不了。大宝妈与我们同一单位，一副古道热肠，与妻子来往最多，两人总有说不完的话。季续的父母人高马大，虽是普通工人，但特注重孩子学习，对知识分子充满敬意。知道我是博士，季续的爸爸总愿问这问那，态度谦和诚恳，他虽不是知识分子，但温文尔雅。前几年，他还给我家打来电话，20年不见，我们的谈话仍亲切自然。我还是称季续的爸爸为老季，他一如既往称我小王，现在我们都60岁左右，曾在一个院里的友情还可以这样继续。

我与左右邻居接触不多，但有一事至今难忘。东边隔壁住的是我院文学所的一位段先生，据说他在别处有房，平时住这院的时间不多，只偶尔过来看看。一次，我赶写一本书，因一间房子非常拥挤，又有孩子闹腾，就向段先生提出，能不能让我在他闲着的房间写作？开始，我没把握，几经犹豫，还是硬着头皮提出。没想到外表严肃的他，竟然非常痛快地答应了。我将他房间的杂物拾掇一下，腾出一定空间，虽无炉火，但心中异常温暖。那个冬天，我吃过饭，就打开段先生家的门，将自己关在里面安心写书，直到快速、圆满完成任务。我与段先生原不认识，交流更少，我甚至没提给他房租，连一包茶也没表示过，但他从无怨言，这让我看到普通人与众不同的灵魂，也让我心存感激。

那时年轻，我喜欢锻炼。早晨，我顺着周边胡同跑步，有时跑到贡院去。快到家时，我就放慢脚步在胡同里转悠，快意欣赏景致：长长的曲折的胡同藏着好多好看的四合院大门，胡同口的每棵古树都颇有阅历，早起打太极拳的老人精神矍铄，清爽的风与湛蓝的天让人心旷神怡，训练有素的鸽子不时发出咕咕的叫声。

院子里的那棵大树仿佛是守卫，日夜守护着我们的平安，但我们很少琢磨也不解它的心境。秋来了，树叶飘洒一地，跟着风不停地旋转，有一种无家可归的感觉；大雪过后，寒风刺骨，我们都躲藏在家里，它赤裸的身躯仍不屈地伸向天空；夜深人静，我们躺在温暖的被窝里，却能听到大树的枯枝在严冬发出让人难眠的啸叫，但我们却无能为力，帮不上它。

如今，住在这个四合院的人早已各奔东西，像鸟儿一样飞散。而那个美好的院落也被拆除，化为乌有，只留下无尽的回忆，给后人追梦。

曾住过的四合院，一个托起美好人生的小家，是不是也将我们的心田当成自己的家。

精彩 赏析

作者以老北京的灵魂建筑"四合院"为线索，向我们叙述了自己与四合院在这 10 年中的不同故事，它不仅是这座城市的符号，更是属于我们的文化遗存。作者首先从四合院的结构、外形等方面向我们展示了当年四合院的具体特征：在这里住过的一些名人，发生过的一些重要的历史事件，都被封存在了这座看似普通的四合院中。作者更是在这个小小的四合院中，记录了一家人工作生活和街坊四邻发生的难忘故事。小院充满温暖和美好，邻里之间温馨和睦，承载了作者这 10 年中工作生活的所有回忆。随着时光的推移，邻居各奔东西，小院也被拆除，但美好的记忆却在作者心中永存。

"沐石斋"记

> 在香气缭绕中，伴着书香、握着玉石、抚着古琴，听一个时代甚至远古的回声，有时在现实中，有时在梦里，有一种宁静致远、纯洁无瑕、悠远超然的心情。

中国文人多雅好，故事也多，这介乎有聊和无聊间。知之者往往抱有同情之理解，甚至服膺之、和乐之；不知者往往一笑置之，如手拂尘，有人还会露出不屑。这都是可以理解的，因为人各有其志，趣味迥异，当然就有不同的风姿绰约。以书斋命名为例，如果说文徵明的"玉磬山房"、梁启超的"饮冰室"、胡适的"藏晖室"、梅兰芳的"梅花诗房"、梁实秋的"雅舍"充满古雅之气，那么杜甫的"浣花草堂"、石涛的"大涤草堂"、纪晓岚的"阅微草堂"、傅抱石的"抱石斋"则草根味儿十足，而蒲松龄的"聊斋"、刘鹗的"抱残守缺斋"、周作人的"苦茶斋"、林语堂的"有不为斋"、沈从文的"窄而霉斋"则有自嘲和幽默意味。作为文人，我也为自己的书斋取了个雅号"沐石斋"，而且还时不时加在散文随笔后面，以述心怀。

在我的斋名中，最重要的是"石头"，从中可见我对石头的喜爱。

这让我能够理解傅抱石的"抱石斋"所含的深意，那种对于石头的痴迷。因为我家石头可谓多矣！大的小的、方的圆的、长的短的、宽的窄的、粗的细的、黑的白的、红的绿的、文的野的、美的丑的、正的奇的、润的枯的，可谓应有尽有。仅从石种上说，我收藏有沙漠漆、大化石、黄蜡石、灵璧石、泰山石、菊花石、萤石、木化石、雨花石、玫瑰石、孔雀石、九龙壁、陨石、砚石、寿山石、青田石、战国红、南红玛瑙，当然更有林林总总的许多叫不上名的石头。如那一年回山东老家，重登蓬莱阁、游长岛，就买到了一块鹅卵石，它小不盈握，大如鸡蛋，光润如婴儿肌肤，上有猕猴挂树奔走之意象，可谓掌中明珠一般。走进我的家中，不论是书房还是厅室，抑或是卧室，到处可见石头面目，用石之山海形容它们亦不为过。不过，比傅抱石先生更胜一筹，我与石头有肌肤之亲。在我的床上，一半是石头。伴我夜眠者有数石矣：一是十多斤重的黄蜡石，它形状如枕，于是成为我双腿之枕石；二是一斤重的翡翠原石，它形如山子，细滑如瓜，常被放在我的右腋之下；三是半斤重的和田青玉籽料，百元购得，玉与僵互参，玉质细腻，僵地粗犷，其形意如藏龙卧虎，甚美妙，我让它伴在左腋下；四是左右手各握两块普通石子，取通灵之意。炎炎夏日，我很少打开空调，有石玉丝丝凉意浸润，自是神清气爽，一得天然与超然，可谓沁人心脾和美不胜收；到了秋冬，尤其是天寒地冻，虽不能与石同醉，但将它放在身边，时不时触碰一下、拥护一回、抚摸一次，虽有寒气，但它来得清明，如藏香醒脑，似针砭时弊，也会在夜的昏聩中仿佛有大光照临。石者，知音也，吾之师也。由此方知，古人米南宫见石即拜之传言不虚，亦不足怪哉！而以之为怪者是怪也。

那么，何以在"沐石斋"中有一"沐"字？

一是除了石头，我家是木的天堂。装修房子时，我的一个基本要求是全用实木，拒绝三合板等人工家具，据说用复合板装修，十年污染不去，可谓怪病之源也。今天，我家的纯木家具虽非名木，但却纯朴自然、温馨如诗，给人的感受好得不得了！当时的购价虽贵，但却是值得的。记得当年囊中羞涩，下决心购得一张雕花硬木双人床，花费一万多元，可谓奢侈之极，然今日观之，仍坚实美妙，既实用安定，又养眼静心，不亦快哉！因为那时没经济实力，家具不是一次购得，而是一件件买来，在散漫中也有余味儿。有一次，我看中精致枣木方桌一张、靠背椅子两把，价格高达6000元，几经犹豫后终于凑够银子将它们买回家。这套桌椅几乎没多少实用价值，只是用来摆放音响，但它深沉的红色、温润的光泽、优雅的线条令人心驰神往，尤其是伴着美妙的乐音，它们仿佛带了神的灵光，与从窗户透进来的温煦的余晖一样，自由快乐地翔舞和飞扬。因此，我常用手去抚摸它们，用目光去熨平它们，以一颗诗心，而它们也报以泪光留痕般的感动。还有，我喜欢各种木头，因此也尽力去收集，像桃木、梨木、柏木、黄金木、紫檀木、绿檀木、黄花梨木、楠木、黄杨木、竹木、麻梨木、胡桃木等，都是我喜欢的。我还喜欢各种树籽，像菩提子、桃核、橄榄核、核桃、枣核、杏核等，都成为我的藏品。别人吃杏、枣甚至杧果时往往将核扔掉，我却将它们洗净、晾干，置于盒中，闲暇时取出来玩赏。因此，一把枣核在手中越搓越亮，如舌头般的杧果核在手中轻如纸、细如丝绒，如发辫一样清晰的纹理令人想到一直缭绕于心间的鲜果的清香。身在天然木质承载的家中，心灵也为之软化，尤其是经过岁月打磨和熏染之后的木质，它散发着年轮与人性的光泽，给人带来醇熟的智慧和悠远的冥想，一如白云的悠然飘逝，也似黄粱美梦不断荡开的境界。

二是我喜欢树，喜欢葱郁激扬的树之张扬。每当周游各地，我都被各式各样的树木所笼罩和迷醉，尤其在风中，如大海波浪一样翻涌的青翠竹叶让我浮想联翩，情感不能抑制。坐在四层楼家中，抬头可见松树梢在风中摇曳，并嗅到桂花香的款款飘来，那都是生机勃勃的树木最美好之赐予。而家中的木器则将万木逢春的生命真义保存起来，藏在岁月人生的皱褶之中，时时给我以慰藉，也需要不断被我们唤醒。因此，我是希望与这些来自天然的木质形成对话，用手、眼、心以及感觉和灵性去体悟，从而获得知音之感。将一个木质手串，经过天长日久的把玩，有了满满的包浆，透出珠圆玉润之美，那是一种生命的灌注与交流，其美妙是难以言喻的。表面看来，这些离开大地与生命之树的木头，已经干枯和死亡，其实，它是另一种生命存在形式，是将生命内化与收敛后的丰足与快乐。而我与它们为伍，就是在宁静与平和中，重新唤醒和体会其间曾流动过的生命伟力。

三是在这个"木"中加水，乃成为我的"沐"字。因为"木"有水则生，人生亦然！干枯的木头，因为有"水"，哪怕是意念之"水"，它也会获得深厚的底蕴，带来生命的盎然，以淡淡的、温情的、内敛的方式存在着。还有，石头有水则活，无水则枯，水是石头的眼睛和灵光，给石头"沐浴"就会使之不断葆有灵气与生命。当然，面对木石，我既要发挥作为人的主体性和创造性，从而赋予这些物体以生命的灵性；但另一方面，我在木石面前，要以谦卑之心，以斋戒的诚实，沐浴更衣，以之为师，以获得更多的感悟与启示。这样，一个"沐"字，就是对于我的真正的沐浴和洗礼。

在木石之外，我家最多的是书，一片书的海洋。我穿行其间，一如帆过大海。客厅的书架若长城般高耸、绵长、悠远，书房的书籍累积如山、山丰海富，地上、床上、桌子上到处是书。我喜欢书，除了知识，还因为它们与木石有关：书籍是木头的另一种生命存在形式；《红楼梦》不仅是一本"石头记"，还有木石之盟；在许多书中，不是藏着颜如玉吗？在知识分子的情怀里，可能没有谁能够例外，从历史的书页中体会出"木石之盟"的温馨，以及挥之不去的永恒的怀想与记忆。生命如流水一样逝去——不舍昼夜，但在一个书生心中恐怕更多的则是，以夜深人静时翻阅书页形成的心声，慰问并抚平人生的波折。从这个意义上说，我家中的书，是另一种木石的生命存在形式，甚至是能够飞动与升华的吉光片羽。

一个书生的理想可能是袖里乾坤，他往往更愿意陶醉于这样的境界：在香气缭绕中，伴着书香、握着玉石、抚着古琴，听一个时代甚至远古的回声，有时在现实中，有时在梦里，以一种宁静致远、纯洁无瑕、悠远超然的心情。这就是我的"沐石斋"，一个自得其乐的所在。

精彩赏析

本文以多位名家学者的书房名和作品为切入点，引出作者为自己选取书斋雅号的动机，接着以"沐石斋"这三个字的不同概念，向我们介绍了取名的原因。作者用大段笔墨向我们介绍了他喜爱的石头、木头的多个品种、不同寓意，以及这些物品在他的生活中扮演的不同角色，可见作者对石头与木质工艺品的喜爱之深。后段又向我们解释"沐"字加水的不同寓意，作者也以此告诫自己要时刻有谦卑之心。结尾处写出了作者以书生身份寄托的美好愿望，以"沐石斋"作为自己的精神寄托。

长相不同的笔

心灵寄语

> 无论是朴实无华的铅笔、高贵如金的钢笔、精致柔软的毛笔，还是坚硬如锋的刻刀，不同的笔书写出的文字都各具特色，创作出的文章更是风格多样。

我是 20 世纪 60 年代初生人，用过各式各样的笔。

铅笔因为简单易得，曾被大量使用。将一支长长的石墨芯，放进由木材包裹的肚子里，像埋着宝藏，也如装着让人不解的心事。未经装饰的铅笔，保持着本色，在朴素无华中散发着原木香味；当被涂上颜色，加上文字、数字或图画，铅笔就像被打扮过的小姑娘，有一种艳丽之美。使用铅笔，需用小刀将木质削去，露出黑色的芯来，为书写方便，芯也需要削尖。这是一个技术性强的工作，也需要极大的耐心，还离不开心灵手巧。那时候，由于年幼，家贫，笔贵，我一边削笔，一边觉得太浪费，还为这支笔的日见缩短消瘦而心痛惋惜，仿佛作为一个孩子也太残忍了吧？后来，长长的笔变得像猪尾一样短，手里捏不住也舍不得丢掉，现在想想笔头小得可在玻璃板上当陀螺打了。今天，铅笔再也不像童年那样珍贵了，可以一买一大把，通用性也很强，还可用笔刀旋转着削，方便极了。不过，我再也找不到以前的感觉，总觉得那时的快乐与趣味一下子不翼而飞了。

钢笔在那时很少，贵如金子。谁家有一支，无疑成了财主，更让人当文化人羡慕。一些有身份的人，不管识不识字，总爱在衣袋上沿别支钢笔。据说，有人爱虚荣，竟然做假，即是说，只有上面的笔帽是真的，下面其他部位全是假的。与铅笔近于赤身裸体的坦荡不同，钢笔是由塑料、不锈钢作外套，仿佛穿着上衣和裤子，经过手的长时间抚摸，它会变得光滑、细腻、润泽，甚是好看。最神奇的是，钢笔有内容，除了胸腔似的实体，有用金属做成的笔头，还有个胶皮的肚子，里面用来装备墨水。这是用吸附原理，将笔头放进墨水瓶，用手指轻捏柔软的皮肚以让它喝足墨水。当书写时，墨水就通过钢笔的皮肚、胸腔、笔尖流出，形成俊秀的文字。有时，可正面，也可侧面甚至反面书写，这样钢笔的表现力就大为不同。侧面写，像女演员唱细腔，变化莫测，写出的字常令人神往。

钢笔也有缺点，它太复杂，弄不好会漏水，导致墨水满手、满纸、满桌。后来出现方便简易的圆珠笔。这是一个用透明塑料作外套，内装一个有墨水的小管子，通过笔端珠子活动，写出色彩的装置，它最大的优点是公开透明、可以更换，但也有简陋之弊，时间长了墨色不易保留。现在，有的圆珠笔也像钢笔一样精致，但多为一次性使用，随用随弃，毫不足惜，让人望洋兴叹。这既造成极大浪费，也是一个重大的污染源。

还有一种蘸水笔，它结构简单，只在一支塑料管一端装上笔尖，像个鸭嘴，也像西方的鹅毛笔。这种笔在墨水瓶中蘸一下，写几个字，还需再蘸。其优点是直截了当、方便易行，缺点是需要不断蘸水，还易因蘸水过多，在纸上滞留一摊墨。所以，用这种笔，可说是个技术活儿。我的硕士生导师朱德发教授喜用这种笔，他的书稿、信和签名书多用这种笔写成，我这里有不少他这样的信和签名书。

我最爱毛笔。从上大学喜爱书法以来，毛笔就成为心中的宠物。除了那些特殊材料制成的毛笔，更多的是用竹子为笔杆，它像铅笔一样本色自然，如果是斑竹或潇湘竹，再经过天长日久地把玩，那就既珍贵又美丽。笔尖是用动物的毫毛，看似柔软，却成为坚硬笔杆的先锋，有点像行军的先头部队。由于笔毛易损，常被套上笔套，但更多时候则被倒插入笔筒，笔的毛就变成一朵蓬松的芦苇花。有时，精致毛笔还在它的屁股后装个绳扣，既美观大方又可系挂，还像孩子后面母亲永恒的牵挂。毛笔最大的缺点是，掌握起来困难，它需要扎实的基本功和强大的表现力，非一般人所能达到；但它最大的优势是，代表中国文化精神，是一种柔性哲学。即是说，通过柔软的笔毛能将一人的精气神表达在宣纸上，那种美妙只有经过多年的实践者才能理解一二。与铅笔、钢笔、圆珠笔相比，毛笔有神奇之功，它带着墨汁通过极具渗透力的宣纸，能创造出神鬼莫测的书画艺术来。

我也以刻刀为笔在石头上书写过，这叫篆刻。我还用粉笔在黑板上写过，在粉末纷飞中，体会玉体转瞬消损的过程。这是一种强烈对比：黑板与粉笔，一硬一软、一刚一柔、一长一短、一存一亡。篆刻难为，但可永存；粉笔易书，却消失得快。如今，用电脑和手机书写，借助于键盘屏幕，以"手"代笔，或者说，手就成为一支笔，既快捷又方便还高效。不过，我们再也找不到过去用各种"笔"的感觉和意味了。

用完一支铅笔，就会倒下一片树林；扔掉一支圆珠笔，就要盖起一个工厂；秃了一支毛笔，就能倒下一群动物。用手指作"笔"，虽没了好多故事，也少了更多回忆，但在键盘和屏幕上，能感受到起舞和乐感，也是一种时代进步吧？

这样设想，我自己仿佛变成了那支"笔"。

精彩赏析

本文以笔为主题，向我们介绍了不同笔的各种属性，如朴实无华的铅笔、高贵如金的钢笔、精致柔软的毛笔以及坚硬如锋的刻刀等等。作者用过的每一种笔都包含自己不同时期的特殊经历，同时多处运用比喻和拟人的修辞手法，将手中的笔描述得生动有趣，铅笔像被打扮过的小姑娘，钢笔的笔套像人一样穿着上衣和裤子，还有看似柔软，却像行军的先头部队的毛笔。在结尾部分作者提到了当代社会电脑和手机取代了传统的笔，成为记录信息的新工具，也失去了一些写作的灵魂，让文字变得冰冷，不禁令人扼腕叹息。

扫码领取
✔ 应试技能 ✔ 模拟试卷
✔ 作文精修 ✔ 考点突破

字的家族

🏵 **心灵寄语**

> 我们每个中国人都生活在血缘亲情的家庭中，也离不开这些由文字构成的家族的森林。

中国汉字很难学，这让许多外国人望而生畏。

事实上，中国人自己学起来也不容易，否则中国古代也不会有那么多不识字的文盲。

不过，中国汉字是象形文字，也是一种特殊的文化，还是不可多得的哲学，所以如果学起来得法就会变得非常有趣，也就容易得多，否则一定会事倍功半，甚至让人头痛。

我们先从"人之初"的"人"字开始。一人为"人"，二人成"从"，三人成"众"，于是显示了作为"人"的特性：从小到多、从个体到整体乃至群体的关系。"人多力量大"，才能成为大众，如果是社会底层，就变成"劳苦大众"；反之，在"人"下加个"竖一"，就成为独立的"个"，中国古人讲"慎独"，指的是一个人"在独处时能谨慎不苟"。当然，从众之人也要注意，弄不好会变得松散。所以，在"从"下加个"横一"，变成"丛"，有利于集聚；由"众"

140

变为群众、合众以及众志成城，就不会成一盘散沙。在中国古代，"众"字的写法是三个人头上顶着一只大眼睛，也是讲在大庭广众之下，要有敬畏之心，因为一直有只大眼睛——天地之目——在盯着你呢！

"日"字很重要，一字为"日"，三字为"晶"。日与夜相对，是光亮之意；三个日成"晶"，有"精光"闪现，就像星星闪动，有亮晶晶、晶莹剔透等说法。日的组字、组词也值得一提，左边加"一竖"成"旧"，下边加"一横"为"旦"，在"日"的右边加"月"为"明"、加"寸"为"时"、加"未"为"昧"，将"日"置于"九"上为"旭"，放在"门"内为"间"，还有日子、日月、日期、日记、日夜、日光、日历、日用、日照、日出、日落等说法。从这个意义上理解，中国古人说的"新，日新，日日新"，还挺值得琢磨的。

"又"字，让人想到衣领，或小学生对折的红领巾。在中国古代，"又"是"手"的象形字，也让人联想到"握手"。它的原义是"继续"或"重复"，这样就产生重叠的感觉。两个"又"为"双"，三个"又"为"叒（ruò）"，四个"又"为"叕（① zhuó ② yǐ ③ lì）"。还有，由多个"又"组成的字，这就可见与"又"相关的果实累累般的字，如"桑""叠""掇（① duó ② zhuō）""辍（chuò）"字。更有趣的是，在"又"字上加点笔画就有新字出现，如里面加一点成"叉"，头上加手为"受"，脚下有"土"成"圣"，左加一"耳"为"取"，右加一"鸟"成"鸡"，上加"亦"字为"变"。小时候，我最讨厌一种小虫子，它咬人吸血，让人非常难受。后来，从字典上查到它叫"蚤"，这是个与"又"相关的字，是在"又"字中加了"点"，仿佛是只"眼睛"，虫子就在下面，让人想到"难受"两字竟然都有"又"。看来，同样是"手"样的"又"，既温暖又难受。还有将"马"与"蚤"放在一起，变成"骚"，表面看这是个更不好的字眼，与"蚤"的咬人吸血相比，"骚"味儿太浓了，更让人受不了；不过，中国有部伟大作品却是屈原的《离骚》，按东汉王逸解释，"离，别也；骚，愁也"，这个"骚"又让人同情，于是便生出很多敬意。

还有"水"与"心"，也是一个大家族。"水"加两点成"冰"，三个"水"成"淼（miǎo）"，四个"水"为"㵘（màn）"。"当然，带"水"的字很多，可以说，天上、地下、人间无处不"水"，它弥漫、广大，无远弗届，那本《水浒传》只看名字就有很多"水"。另外，"心"在草木中，一心为"芯"，三"心"为"蕊"。带"心"的字也有很多。

"王"与"子"更可繁衍出一大家族。"王"加一点为"玉"，但这个点加在中间一横的上面，就成了"主"，是有瑕疵的玉。由"王"可扩为"珍""珠""闰""国""金""鑫"等。另如"子"，可组成"孙""孔""李""季""好""存""孕""孟""学""孩""好""孬（nāo）""孱（chán）""孺（rú）"等。在中国古代，与"子"相连的人往往都了不起，像老子、孔子、孟子、孙子、荀子、墨子，他们都是受人尊敬的人物；连一些名人给自己起的字（别名）都离不开一个"子"字，像子云（扬雄）、子长（司马迁）、子美（杜甫）、子瞻（苏东坡）、子固（曾巩）、子清（曹寅）都是如此。

"耳"字也很值得关注。中国古代有"耳学"，是指一个人只靠"耳朵"听来的一些知识并不可靠，有贬低之意。所以，在《文子·道德》

中有言："故上学以神听，中学以心听，下学以耳听。以耳听者学在皮肤，以心听者学在肌肉，以神听者学在骨髓。"不过，老子与庄子则认为，真正的智慧要在"闭目塞听"，只有这样才能得到天籁与大道。如果这样看，"耳听"与"心听"和"神听"都比不上"闭目塞听"来得高明。

我常将"缘"与"绿"字放在一起比较。两字看上去极像，差别在于右边，这让我感到中国文字的神妙。

还有"力"与"九"。两字的笔画数一样，都为两画，它们都有相似的笔画撇（丿），差别只在"钩"。"钩"朝左为"力"，向右为"九"，可见细微差别导致的巨变。常言道："失之毫厘，谬以千里。"讲的就是这个道理。

因此，学习、工作、为人、处事，敢不认真吗？

不过，即使这样，在中国汉字的家族中，完全可以将这些似而不是、形近神异者列入其间。

我们每个中国人都生活在血缘亲情的家庭中，也离不开这些由文字构成的家族的森林。

我们就像森林里跳跃的小猴子，吸吮着树上的果浆，享受着来自高天的雨露阳光，在地上、树木的枝杈间如烟似雾般穿行。

精彩
—赏析——

　　本文的主题为汉字，作者用自己的视角向我们展示出汉字的变幻莫测，从最简单的"人"字到多种组合的"日"字，再到表示重复的"又"字，不同汉字之间的排列组合可以表示出不同的含义，也是汉字这种世界上独有的象形文字的魅力所在。汉字不仅是中华文明得以传承的载体，更是老祖宗的智慧结晶。文章列举大量实例，将不同文字的含义加以解释。文章最后以比喻修辞结尾，将人类比喻成吮吸树上果浆的小猴子，意在表明我们正在吸收着先人的智慧与恩赐。

_____

会说话的石头

> 石头上手把玩的时间越长，色泽越好，仿佛通体灵光流动，与你的心意会通。我常以手、眼、心与石交流，在默默无言中心领神会。

常言道："石不能言最可人。"讲的是石头不会说话，但讨人喜欢。

我赞成后半句，即石头"最可人"，但不赞同说石头"不能言"。我觉得，石头也能说话，只是不随便开口，它只对懂它的人说话。

石头最可人，很多人喜爱，以至于让人着迷。最著名的是宋代的米芾。他不仅在家里玩石头，出门也在大袖子里藏着石头，以便随时把玩。由于太过喜爱，比宠爱猫狗更甚，米芾见了朋友总忍不住以石示人，并评头论足，结果总被人拿走不还。一次，他在宋徽宗面前显摆，于是有了"研山石"的曲折故事。石涛、邓石如、吴昌硕、傅抱石、齐白石、欧阳中石等人的名字中都有"石"。傅抱石的号是"抱石斋主人"，其痴迷于石的程度可以想见。

我亦爱石，典型的"石痴"，自号"沐石斋主"。我身边从不离石，白天、晚上，坐行、卧眠，床上、桌前，读书时都有石相伴。

在我看来，石头会说话，可交谈、可倾听、可心会、可梦语。

最近我手边新增八块石头。八块石头都从山野得来，没花一分钱。开始，它们还显得懵懂，有的混沌未开，但经过一段时间把玩、交流，现已开口说话。

一号顽石。这是一块黑白分明的坚硬石头，一头宽阔，一头尖窄。如尖端在下，宽端在上，看上去就像个戴黑草帽的少年，几乎将一张白脸罩进去。草帽的一面图案：有海平面、天际、天风，还有刚从大海上喷薄欲出的太阳；另一面图案：衣带当风的飞天神女形象飘飘欲仙。这就将一个少年装饰得生动活泼，别有风度。若将石头倒过来，即白上黑下，那它就像一只船帆，下面是黑色的海水，上面是白帆。当然，还可将它看成雪山，在黑黝黝的大地上，有雪域高原，山顶还有点儿乌云遮盖。如将石头横过来，左边白、右边黑，此石又像只小狗头，被一个漆黑点缀处像嘴，鼻子似乎有灵敏的嗅觉，一副呆萌情态。似乎此石相当顽皮，故意让你猜，但始终不解开谜底，活脱脱一副顽童心态。此石纹理天成，丰富多变，黑白套色搭配得当，既分明清晰，又你中有我、我中有你，形成某种混融的清明。只可惜，石上有残，把玩时有粗糙感，这与其整体的细腻滑润形成鲜明对比。不过，石头仿佛启示：完美无缺在世上并不存在，有缺陷才是真。何况，细腻中有粗糙，把玩时可按摩手掌、手指、手肚、手心，岂不成为另一种美？

二号文字石。此石看上去如虎皮豹纹，为长、圆、扁兼有的一块文字石。它大小和形状如舌，在手中颇有灵机，凸凹不平中有一种丝绸感。石头以灰黑为底，白线条布满其间，在两面形成五个清晰的汉字：山、外、风、气、兆。"山"字颇似《郑文公碑》的书法笔意，"外"字比《瘗鹤铭》的"外"还要开张放逸，"风""兆"

字像王铎、王宠的潇洒草书，"气"字有点《泰山经石峪金刚经》的书法情态。由于石上多有白色的点线，可将之想象为各种奇妙构图，在似与不似间显现。一般说来，文字石较少，也难得，一块石头上能出现这么多清晰文字，也是一奇。特别是这几个字寓意很好，象征天地自然之灵明，可与文人畅叙心曲。我在写作之余，常将它放在脸上、鼻子上揉搓，一股凉意浸入肌肤，在舒泰中有些开明通达。还有上面的"兆"字，它灵动飞逸、气象万千，这与我名字中的"兆"有神奇的契合。我也常对着这个"兆"字出神，并生出许多想象。

三号金鱼石。这是一个饺子大小的石子，看上去如浓缩的金鱼。圆石一端有一白圈，仿佛金鱼吐出的气泡。此石以浅黄色为底，点缀着黑与白，特别是上面有一形神兼备的紫红色金鱼，如在天池中游弋，相忘于江湖。一般而言，一个石子能有多种套色相当不易，而有黄色特别是纯净的红色当头更难，因为它包含了"金碧辉煌"和"红运当头"的寓意。当石上出现栩栩如生的红色金鱼，那就更是难上加难。此石的油性特好，有一种鸡油黄和红玛瑙的质感。它坚硬而细腻，捏在手中漫不经心把玩，包浆和灵光闪动，有些迷人甚至动人心魂。

四号螺纹石。此石如扣着的海螺，也像一座金山，还如细密的盘山公路，在黑、黄相间的横条纹中，形成一个个圆满的环形曲线。这是岁月年轮留下的痕迹，也是生命的节律和音符，你不论将目光停在其中的哪条线、哪个点，都能感到自己平衡的呼吸与沉静的心跳。面对这样一块很有阅历和年纪的岁月之石，我总是屏气凝神，心怀谦卑，心存敬畏，洗掉焦躁，认真做一个听者，体味从石头的心灵深处发出的天地秘语。石头的底部宽厚平稳，这是能让石头站立的基座，也是佳石的重要条件。石顶有块泥黄色，形意如叶。它仿佛是自高天而降、拈花微笑的伽叶，在鸡足山上入定，以待弥勒出世。

　　五号双鹅石。这是块周身透出绿莹莹光润的石头，掌心大小，如龟静卧。在黑色石体上，有柳条般的白丝线，也有矩阵一样的火焰纹，还有腾云驾雾的龙凤图。最清晰的是一对白天鹅，它们头颈高昂，一高一矮，层次分明，在回眸流盼中仿佛是一对恩爱夫妻。鹅的羽毛蓬松鼓荡，仿佛在戏水，加上头顶纷披的柳枝意象，有宁静美好的氛围。石头正好可侧立，形成清晰的画面：双鹅在柳树下洗浴，意态姣好。这是自然有趣的生活画卷，却被天工镌刻在一块普通石头上。

　　六号修行石。此石七厘米见方，二至三厘米厚，能直立，像美女手中的一面小镜子。背面通体墨黑，像漆了一层黑漆，几根细条纹从画面穿过，两根如刀切，一根如兰草弯起，灵秀而娴雅。正面仿佛由多道黑圈围成一个穹庐，其中有朦胧的老者在修行，胖身、端坐、手执长竿，如在冥想。石头四周为浅黄色，若镶有银边，彰显不同层次。将石头倒过来，肥胖的修行老者突然变成瘦弱清癯的形象，好像转眼间已修成正果。此石坚硬如铁、润滑如脂、沉重如山、方正如矩，常与之接触和对语，感悟与启示多能直达内心，获得天启般的升华。

　　七号不倒翁石。这是块无形的石头，怎么摆都不稳，但又有不同的面，给人多面手的感觉。此石呈黑黄相间的横纹，因为是细密平直的满身纹，所以甚是好看，如层层叠叠的梯田。另外，在石头一面中间的低凹处，自上而下有白色石筋，如飞流直下，也像一棵松树立于山巅，给人带来动势，也产生风韵。另一边的白色颇似一位袖手而坐的高僧，头顶似有光晕闪动，在从容淡定中超凡脱俗，有苏曼殊的意态，更有弘一法师的气度。一石中有青松不老、高僧禅定、飞瀑长流，当然可以永不言败、不屈不挠。

八号脸谱石。这是八块石头中最大最重的一块，约半斤重。其中，只有黑白两色，黑的头发般黑，白的玉石般白，形成对比强烈的戏剧效果：白为脸、黑为发。将石头置于手中，是个活生生的少女脸谱。如正反两面和上下转换，此石就能变幻出四张脸，极为优雅俊美。如再佩上白条纹，更显出少女秀发之飘逸，画面的灵动。石上虽无五官，但黑点为眉，凸处为鼻，凹处为目，意态能传神，尽得自然而然、巧夺天工之妙。此石上手把玩的时间越长，色泽越好，仿佛通体灵光流动，与你的心意会通。我常以手、眼、心与此石交流，在默默无言中心领神会。

这八块石头各有其美，但放在一起又成为绝妙组合。它们仿佛刚从大海中来，登上蓬莱岛的八仙各有心语。只是如何将它们与八仙一一对应，大费周章。不过，这恐怕都不重要，关键是我曾生在蓬莱城南八十里的一个山村，在那里生活了十九年。我与这八块石头可能本就有缘，交流起来不难，当然懂得它们的心语。

精彩 赏析

本文以石头为主题，向我们介绍了顽石、文字石、金鱼石、螺纹石等八种石头，作者将它们比作八仙过海里的神仙，各不相同，各有其美。像戴黑草帽少年的顽石，如浓缩的金鱼的金鱼石，如扣着的海螺的螺纹石，如龟静卧的双鹅石……作者运用大量的比喻修辞，将八块形状各异的石头活灵活现地呈现在我们面前，各自有着不同的寓意，虽然"石不能言"，但在懂得欣赏它们之人的眼中却"最可人"。

乐在"棋"中

🌸 **心灵寄语**

围棋教会了我许多人生哲理,带给我无穷无尽和难以言喻的欢乐,还有那一种只能面对秋风叙说自己心境的感觉。

我与"棋"结下了大半生的不解之缘。

很多人不愿甚至讨厌下棋,它既费时又累脑子。在我,则喜欢其间的智慧、无边的欢乐,还有难以言说的"很有意思"。

从懂事起,我下的是军棋,是由司令、军长、师长、旅长、团长、营长、连长、排长、工兵、军旗等组成的那种。内容简单,子力不多,简单易懂好学,这是农村孩子们的玩具,也是一种较高的智力游戏。

那时,一有时间,我们几个孩子就到大伯家下军棋,捉对厮杀。因为只有一副棋,只能输者下,赢的守擂,换人上去攻擂。

军棋分两种下法:初学者喜欢明棋,两人将双方兵力明摆,猜包袱、剪子、锤,猜对的先手下棋,后者吃亏。有一定水平了,就对明棋不以为意,改下暗棋,即谁也不知道对方怎样布局,相互攻击,由第三人做裁判,最后看输赢。

我不是下得最好的,但胜率颇高,这是最早形成的棋瘾。

儿子小时候买来军棋,我与他下过,但找不到童年的乐趣,儿子也不像我那样有瘾。

下象棋是农村另一娱乐活动，一些干不动农活的老人在街头巷尾摆开阵势，特别是春秋时节，阳光明媚之时，也偶有散人和闲人围观，这成为乡村生活之一景。

与长方块军棋相比，圆圆的象棋太难，特别是下象棋总要长时间思考，半天走不了一步棋，不会引起孩子关注。

因为爷爷的弟弟即小爷爷王殿尊喜欢下象棋，家住得又近，我就偶尔去旁观一会儿。

小爷爷年纪很大，又患有严重的肺气肿。他坐在小凳上，一边不停用嗓子拉着长长的胡弦，半个村子都能听见，让人难受至极；一边吃对手的子或"将"一"军"，棋子碰撞声震天响，颇有胜券在握的气势。

小爷爷长得与我爷爷王殿安很像，严肃程度也像，我一直怕他们。他没留下疼爱我的感觉，只有那一声声拉不长也拉不断的呻吟声，让我对象棋留下深刻印象，也知道了一些棋理。

后来，偶尔也与人下过象棋，但输多赢少。

后来，在济南、北京城里的街头巷尾遇到下象棋的，也会停下脚步欣赏一番，但有时围观者众，要做的事太多，总是看一两局就快速离开。

读硕士研究生时开始接触围棋。那时，学习自由轻松，吃饭时，大家捧着碗到每个房间串门，看看这个，聊聊那个，一顿饭就吃完了。

有一次，转到一个寝室，发现围了一大圈子人，探头进去，才看到两人在下围棋，一白一黑，在一个棋盘上敲得脆响。

以前，有过下棋基础，也有兴趣，这样一来二去就看会了。

后来，就上了手，与初学者切磋，互有胜负。下着下着，就上瘾了。

与军棋和象棋比，围棋更容易学，知道两个眼活棋就行，谁围的棋子多谁赢。当然，这里面的道道多，水极深，学会容易，下得好就难了。

围棋极费时间，有时来了兴趣，我们就下通宵。

自从爱上围棋，生活的乐趣与日俱增，但读书学习的时间少了，这是一个重大损失。

考上博士，到了北京，因为棋逢对手，对围棋的兴趣有增无减。当时的两位棋友，一个是赵峰，另一个是温小郑。最厉害的时候，我与温兄一夜连下三十六局，我俩都有巨瘾，我比他瘾头还大。

那次，一局棋正厮杀得难分难解，温小郑让我稍等，他自己上床让头朝下。我认为他在找东西，结果他说："脑子有点不好使，控一控血。"然后与我继续下。我比他年轻，头脑无麻木感，但现在想来，还真有点后怕。可见我们有多迷围棋。

毕业后，我被分到中国社会科学院工作。单位有几位围棋爱好者，于是午饭时间成为我们下棋的时间：从单位食堂打上饭，回到摆好棋具的办公室，一边吃饭，一边下棋，仍是老规矩，输者下而赢者上。

后来，有同事作星云散，不是调走，就是去世到另一个世界，最后剩下我和王和先生。

王和比我大十多岁，他的棋瘾比我大。每当吃午饭，他总是第一个拿着碗筷到食堂排队，然后到我办公室催促我，立马吃饭下棋。

一旦开局，我俩下得飞快，是快乐棋。很少长时间思考，快时二十多分钟下一局棋，输赢意识不强。这样，一个中午能下好几盘。

有一次，我俩越下越快，竟自感胡闹，于是收拾棋子，然后重下。因棋逢对手，乐亦在其中矣！

一旦哪天有事，我没去单位，王和先生就在我办公室等着，将棋摆好，自己还在棋盘上先放一子，然后急切地给我打电话。

我摸准了他的心理，说今天实在脱不开身，去不了单位，他就鼓点似的催，大有如我不去，他以后再不理我，也别想跟他下棋了之意，可谓气贯长虹。

有时，我急着赶过去，他就眉开眼笑，高兴得像个孩子，幸福指数明显提高不少。

一旦我确有事，去不了，就听电话那头，他的连续催促后无果，所发出的长长的叹息。此时我知道他一定饭不香、睡不着，一下午工作都会无精打采。

如今，王和先生退休多年，其中他请我在洗浴中心下过一次棋，再后来因为都忙，我们就很少有机会下棋。

前几天，王和兄将他的大著《左传探源》上、下册快递给我，一股暖流涌遍全身。

后来，《中华读书报》的祝晓风调到我单位，我们原是棋友，这样更方便下棋，有时他也到我家里下几局。再后来，他又从我单位调走，闲着时就邀我到中国棋院下棋半日，那是人生中的美好时光。

在棋院下棋的人不多，桌椅和棋具一应俱全，又有茶水供应，费用也不高。最重要的是，各个房间都有围棋高手的书法作品，像吴清源、藤泽秀行的书法，风格迥异，据说那都是真迹。

与吴清源书法的平和冲淡、清气飘逸不同，藤泽秀行的书风质朴、笨拙中见厚实与真纯，给人以大力士勇搏猛虎之感，欣赏之余有一种强烈的悲剧感。

我与晓风下棋充满更多乐趣和玄机，他总觉得比我的棋高明。

一次，我问他，到底我俩谁的棋厉害。

结果他脱口而出："当然我厉害了。"

我又问："十盘棋，我俩输赢是几比几？"

他毫不含糊道："八比二。"

我再问："谁是八呢？"

他就毫不谦虚道："当然是我了。"

我不服，于是开赛，每次都有比赛命名，还都做记录，以避免哪一个届时死不认账。有时，我会在一张纸上写："北京首届学者围棋擂台赛在北京举行"。还有时，我会写上："世界第一届学者围棋擂台赛在中国棋院举行"。还有时，我会将头两字换成"宇宙"。总之，命名越来越离谱，也越来越玄乎。

有趣的是，晓风每局棋都让我写上输赢具体的子数。

我就说，输赢半子和一百子没什么区别，不必这样麻烦。

此时，晓风就会半真半假道："那可不一样。"他仿佛在说："在棋子上输赢的多少，也代表着真实的实力。"

不过，说实话，晓风的棋力虽然整体而言比我强，但说他能以八比二胜我还是有点夸张。

通过比赛，他赢我的概率大致是六比四，至多七比三，从而破除了八比二的可能。

还有一次，晓风用手机通知我找地方下棋。很快，他就说已开车到楼下。

当我下去，坐在车里，开车前他突然问我："你知道我今天为什么提前五分钟在楼下等你吗？"

我说："不知道。"

事实上，这真的不好猜。

他就笑眯眯告诉我："让你享受一下副局级的待遇和感觉。"

这是晓风跟我开的一句玩笑，与他平时一本正经形成鲜明对照。这让我理解了，一个人的内心有多么丰富多彩。

较近一次下围棋，是到王干家里。

那次，在作协开完会，王干问我，下午有事吗，如无事就找几个人一起，到他郊区家中下棋。

于是，一行人就乘车进发，一会儿李洁非也来了，大家捉对厮杀。

最有趣的是，王干与胡平下的一局棋：开始，王干一路领先，胡平陷入苦战，一大块棋被围，面临全歼，只差一口气。当然，王干的棋也只有两气。

于是，王干兄开始向大家"谝"，说他曾跟国手常吴下过棋，并且取得较好的战绩，那当然不是平下，而是被让子棋。

说着说着，胡平让王干注意，他要提子了，因为王干走神，自撞一气。

结果，两人互不相让：一个说，自己苦苦支撑，终于守株待兔等来机会，必须提子；一个说，干了半晚上，好容易有一局好棋，怎能因自己马虎，让对方随便提子呢？

这是一个难以调和的场面，当时王干用手护着棋局，就是不让胡平提子。

在我的劝说下，胡平终于让步，不提王干的子了，风波于是停止，变得风平浪静了。结果当然是胡平败北。

我发现，此时的王干神采奕奕，且自言自语道："下盘好棋容易吗？哪能说提子就提子，再说确实是自己马虎了。"而胡平则变得有些沮丧，仿佛是拾了个金元宝，却被警察罚了款，理由是："街上的金元宝也能捡？"但如按棋规论，王干不管是什么理由，都不能悔棋。事实上，胡平虽败犹荣，并且占据了道德的制高点，这叫作有容乃大。

作为旁观者，我们在这局棋中得到的乐趣，显然比当局者要大得多。

天快亮了，我们才不得不上车回城，王干直奔单位上班，我则回家睡觉。

下了一晚棋，没睡觉，有人还精神饱满，不能不佩服。

现在，很少有时间下棋了，更没有沉迷和醉心于围棋的时光。

偶尔也会接到王干兄的下棋邀请，我都以有事谢绝。

最近，应郭洪雷兄之邀，加入"文学围棋"微信群，里面都是熟人朋友，像南帆、陈福民、吴玄、傅逸尘等先生。有时看看他们在网上对弈，别有一番情趣。只是时间匆忙，有时只看两眼，有时也复盘一下他们的战况，并非特别认真执着，也是一乐。

前些年，一人还常在午后的阳光下或夜深人静时，盘膝坐于棋盘前，对着棋书打谱，领略一下年轻时的狂热。

在《济南的性格》一文的末尾，我写过这样几句话："风过无痕，雁去留声。我就是那一阵子风和那只孤雁。在飞过、栖息过济南的天空与大地后，现在还能寻到什么呢？不过，我坚信，在心灵的底片上，济南永远清新，尤其在夜深人静、孤独寂寞时，一个人与琴音和棋枰相伴相对。此时，飞去的是超然，落下的是悠然。"

如今，连听一听棋子敲击于棋盘上的清脆悠扬之声，也交给想象和梦境了，而不是在现实中。

如果计算一下，这些年来我在围棋上花去多少时间，那一定是个天文数字。

不过，至今我不后悔，因为围棋教会了我许多人生哲理，也让我理解了天地间的不少密语。

更重要的是，围棋给我带来无穷无尽和难以言喻的欢乐，一种只能面对秋风叙说自己心境的感觉。

精彩赏析

本文是一篇以棋为主线的文章，讲述了作者从童年到中年接触过的不同棋类的故事，从幼年时期的军棋到象棋，再到上学时期迷上的围棋并一直持续到工作后，成为影响作者一生的棋，每一种棋的背后都保留着作者的一段回忆，特别是围棋，也是作者最为痴迷的棋。可以和朋友通宵对弈，工作后也是在午间吃过饭后赶忙摆上几局，以棋会友，用围棋感悟生活。这也给我们带来许多人生哲理，棋要慢慢下，生活要细细品，想要下好人生这盘棋，步步初心，步步诚心，步步良心，否则走错一步，一步错步步错，乃至全盘皆输。

▶预测演练四

1. 阅读《树木的德性》，回答下列问题。（12分）

（1）人与树木间有何天然的缘分？（2分）

_____

_____

_____

（2）试分析"如今的现代人，如同失了牵线在天空中任意飞翔的风筝……还将根深扎于地，以汲取泉源养分"用了哪种修辞手法，有何作用？（4分）

_____

_____

_____

_____

（3）作者在文中所指"另一种奇怪的现象"是什么，又是如何解读的？（6分）

_____

_____

_____

_____

2. 阅读《会说话的石头》，回答下列问题。（10分）

（1）纵观全文，一共讲了哪几种石头，分别是什么？（2分）

_____

_____

（2）文中第三段主要运用了哪种写作手法？有何作用？（4分）

_____

_____

（3）联系上下文，如何理解"会说话的石头"？（4分）

_____

_____

_____

_____

3. 写作训练。（60分）

日常生活中的所见所闻，凝结于心又有意外怀想，如梦似幻般点燃了心灯。你也动起笔来，将生活中的一点一滴记录下来吧。题目自拟，文体不限。字数：600~1000字。

阳光照彻

🌸 **心灵寄语**

> 阳光无心而又有心。
>
> 无心是"空"一样的大智慧，有心是"慈悲"一样的天地情怀。

在这个世界上，除了母爱，最令人感动的是阳光。

阳光，它饥不可食、寒不可衣，甚至无声息、无形状、无色味，但它却非常重要，也是最意味深长的。

阳光来自遥远的高天。它未经世俗污染，是天地自然之精华，是神圣的使者。

当乌云和黑夜将世界遮蔽，总是阳光驱散黑暗，给大地送来光明与希望。阳光恐怕是神的赐予，它是这个世界上所有生命的心灯。

不知道阳光为何远道而来，将光辉无私播撒于大地之上。

但我们知道的是，因为有了阳光，地球上的所有生命得以滋荣。

春天，阳光如同乳汁一样使动植物茁壮成长，一片嫩芽的破土离不开阳光的哺育。

冬天，阳光以慈爱抚慰和呵护大地上的所有生灵，一棵裸露的小树有温暖的阳光而充满希望。

秋收时节，当果实累累、大地丰饶，人类不能忘记阳光，是它用一个个日子将玉液琼浆如水般倾注和奉献出来。

还有作家和学者，当一本本书写成，感动一颗颗心，那可不能不记下阳光的功劳，是它伴随着你走过无数时光，给你温暖、快乐、灵性、希望和启示。

当清晨的第一缕阳光将你唤醒，当傍晚的余晖与你挥手告别，那其中都寄寓了无限的爱与无私的馈赠。

阳光可能是世上最具平等意识者，它不分高下、智愚、善恶、美丑、贫富、强弱，其照耀一视同仁。

由于天然阻隔，也有阳光达不到的地方。不过，只要能够抵达，它一定不遗余力，将光与热奉献出来。

人们用玻璃、眼睛、彩笔折射阳光，大自然用水面、石头、黑夜反衬阳光，这既是人的智慧也是天地的智慧。

一棵小草、一粒沙子、一只小鸟、一个乞丐，也都能享受充足的阳光。

阳光也是有"心"的——它怀揣古道热肠。它还能融化冰雪，温暖大地，亦可点化世道人心，只是表现方式有所不同。它有时热烈如火，有时温柔绵长。

阳光虽是天光，来自天外，但一直关注着人类生存的星球，总以其执着与热爱眷恋地球上的生命。

阳光来无影去无踪，它的速度惊人。人们用"光速"形容它的快。

阳光澄明透彻，活泼灵动。在安静的日子里，从窗户或门缝能看到阳光的竖琴。

阳光激情荡漾，无声歌唱——自由、灵性、欢乐。当晨曦将天空染红，阳光刺目而飞，那就是无法形容的一首首小诗，组成一天中浪漫的序曲。

阳光会飞，以扇动的小翅膀组成彩虹一样的大翅膀。在黄昏时刻，余晖满天，归鸦阵阵。

阳光无心而又有心。

无心是"空"一样的大智慧，有心是"慈悲"一样的天地情怀。

精彩赏析

本文的主题是阳光，作者通篇都在对阳光的特点进行论述，包括阳光对我们生活的影响，在不同时节所发挥的作用以及阳光具备的"美好品质"。我们可以看出作者是一个认真观察生活的人，阳光很不起眼，有时甚至会被我们忽略，但在作者笔下阳光竟可以如此之美，同时作者还运用了大量的拟人和比喻的修辞手法，如"一直关注着人类生存的星球，总以其执着与热爱眷恋地球上的生命"，此处将阳光拟人化，阳光拥有了人的情感，会关注、眷恋、热爱，让文章变得十分生动、有趣。

清洁工小王

我住的小院是 20 世纪 80 年代建的，现在看来既破旧又狭窄，与许多高档小区有天壤之别，以至于有的朋友和客人到舍下一坐时，感慨它成了危楼。

不过，在我的心目中，这个小院是温馨、踏实、宁静、干净和美好的，在许多方面，它是不可比拟的，更是不能代替的。

小院出了不少名人，住过和还在此居住的有李泽厚、舒芜、庞朴、林甘泉、徐中勉等。小院闹市取静，外面是喧闹的宽大马路，里面是由四楼围绕而成的两进院落，其中树木繁盛而优美，木椅、石桌、石凳及健身器材一应俱全。小院干净、整洁得出奇，可用"一尘不染"来形容。

最难得的是，每到春天，满树绿叶，鲜花盛开，略带药味的花香就会在整个小院弥漫，令人有走在花海中的感觉，周身的醉意和幸福感也会油然而生。还有，旧院落的许多人事如初，一个单位的新老同事在一起，所产生的亲近感和稳定感难以言喻。

然而，多年来，为这个小院增了光加了彩的，还有一个人不能忘记，那就是清洁工小王。

至今，我还不知道"小王"的确切名字，对他也知之甚少。

与院内的名人相比，小王简直可以忽略不计。不要说别人，就是院内的人恐怕也少有人注意他，再加上门卫、工人走马灯似的流动，老面孔不断被新面孔代替。

小王多年来一如既往地守住小院，算是小院中的一个"老"人了。

小王的外在条件不好，可谓貌不出众：矮小、深度背驼、口齿不清、无家室儿女，完全是一个孤独者甚至零余者。像角落的一棵柔弱的小树，在秋风和寒霜下，它瑟缩着，低吟着，屈受着，只有等到来年的春天，才能见到生命的滋荣。

前些年，离单位近，我以自行车代步，回家时就将自行车放在小院的车库内。

那次，我发现在庞大的车库一端，是小王的居室。但不知为什么，我没进去看看。

后来，单位搬家，自行车派不上用场，更无机会进入小王的房间。

不过，给我留下深刻印象的是，在车库门口，整整齐齐摆放着小王收集的旧物，像压缩的纸箱、各种瓶瓶罐罐、废报刊等，这与小王的外在形象形成鲜明对照。由此，我看到了一个勤俭、细心、有条理、知足的内心。

我不知道小王每月可得多少薪水，但凭常识和直觉可以想见。然而，通过他门外的这一场景，我知道小王的生活和日子都在这些整理的"垃圾"中，也对这个残疾男子产生了一丝敬意。

由此，小王的举止也渐渐为我所注意。

我发现，小王常身着蓝色工作服，肩挎铁制卫生箱，手拿小扫帚，弓背弯腰在打扫卫生。

早晨很早起来是这样，晚上回来是这样；工作日是这样，周末和节假日也是这样；风和日丽的时候是这样，寒霜雨雪也是这样。

许多地方的垃圾桶就像垃圾一样纷乱脏臭，而我院的则干干净净；许多小区尤其是旧小区的墙壁、楼道和地面被各式小广告覆盖，而我院的则免受其害；许多小区的人员混杂，而我院的则较为井然有序。

有一次，一位闲杂人员溜进院子，小王在门口盘问，结果那个人支吾了半天，却答不上来，只得离开。

小王仿佛是小院的一道风景、一个卫士，忠于职守，守护着它的清洁。

每当来家的朋友和客人"埋汰"我的旧楼时，总会加一句赞词："不过，你们院的卫生搞得确实不错。"

表面看来，一个小院能长期保持整洁甚至一尘不染，只是小王的一份工作。事实上，如果小王没有一颗洁净和美好的心灵，他可持续一周、一月、一年，却很难数年、十多年如一日的。

最难得的是小王面善、心地纯良。

当见到院内每位上下班的人，小王总是面带笑容地主动打招呼，虽语词不清，只是哼哼般的问候，但我能听懂那是"上班去啊"和"下班了啊"之类的话。

见到人们尤其是妇女和孩子手提重物，小王总是主动上前帮忙。我爱人曾多次跟我提及此事，夸他心眼好，因此一旦有旧报刊、废品之类的，就送给小王。

遇到孩子的调皮戏谑，小王总是不以为意，久而久之，他与孩子相安无事！

还有，作为一个老光棍，小王在小院中从未惹是生非，更无半点劣迹和伤人的传闻。他仿佛是一棵柳树，对这个世界尽显温柔和美好，没有一点进攻性。

有时，我想：小王这样一个人难道内心就没有不满、不快、不乐？如果有，他靠什么去战胜它们？

每天早晨，我都能听到楼下的沙沙声，以及轻轻翻动垃圾桶的响动。我知道，这是小王已经开始了一天的工作。

作为"早九晚五"的上班族，有时对工作还真有点厌烦。然而，小王的敬业精神却仿佛是一道光，让我精神抖擞，起床、洗漱、上班，并好好地过好这一天。

从生活和生命的意义上说，小王就是我们小院，也是我内心的一道大光。它常让我有说不出来的欣慰与感动，对着所有的人与事，以及我们生活的这个世界与人生。

精彩 赏析

文章开头通过环境描写交代了故事发生的地点和环境，也为后面主人公出场作铺垫。全文采用了"欲扬先抑"的表现手法：前文写小王是一名普通清洁工，身患残疾，其貌不扬，无家室儿女，此为"抑"；小王对工作认真、负责，为人和善，心地纯良，生活勤俭等，此为"扬"。文章前后形成鲜明的对比，使清洁工小王的人物形象更加生动、立体，故事情节跌宕起伏，同时使文章情感真挚感人，突出了文章的主题。其中"我发现，小王常身着蓝色工作服，肩挎铁制卫生箱，手拿小扫帚，弓背弯腰在打扫卫生"为细节描写，描绘了主人公小王的具体形象。文章结尾处，"小王的敬业精神却仿佛是一道光"用比喻修辞表达了作者对小王敬业精神的赞美与肯定。

扇子的语言

💮 **心灵寄语**

> 春天用微风将一片片细雨摇醒，夏天用暴雨的扇面扇起雷电，秋天以长风为扇子让万物变得萧瑟，冬天将巨大的扇子合上之后开始了一个寒冬的珍藏。

"扇子"两个字很特别：与"窗户"有关，与"羽毛"相连。两个"习"字仿佛让人感到"凉风习习"，快意自生。

中国古代早有扇子，只是那时主要是团扇，即用蒲草或丝绸做成的圆形或方形扇子。在庙堂为威仪权力的象征，于民间则是作为清凉之用。

小时候，家里就用蒲草剪裁成圆形，以布条饰边，手握其蒲草柄，在夏天用来纳凉。大人用这种最普通、廉价的团扇不停地扇动，可为锅底的火扇风，可用它为孩子赶走蚊子和暑气。

生长于乡间，几乎没人不熟悉这种扇子，平时它被随意扔在床上、放在桌椅上、挂在墙壁或门上，是每个家庭中的老物件。

年岁渐长，开始认识不同的团扇。如在《三国演义》中，智慧人物诸葛亮用的就是一把羽毛团扇，于是有了"羽扇纶巾"的风流倜傥和谈笑风生。

团扇有一柄，它可以握在手里，有提纲挈领和一剑在手的关键作用。团扇的圆或半圆取圆满之意，像开在扇柄上的一朵大花儿。高级的团扇两面可以绘画等方式装饰，扇柄也可雕刻，但整体上是直白朴素的，从不隐讳自己的心事。宫廷的团扇以精致为主，除了画面精美，还饰有坠子，让人想到秀雅的少女姿容。

折扇出现得较晚，主要是城里人或文人雅士的手中之物，它是由扇面、扇骨、扇钉组成的。由于可折叠，可随意开合，而且材质和以书画装饰更多样，深受人们喜爱。

它像窗户一样可随意开合，所以携带方便，既可拿在手上，又可插入腰间或颈后，还可拢在宽大的袖子里。

在金庸等人的武侠小说中，铜筋铁骨的扇子甚至可作兵器应敌，发挥携带方便、随意取用、锐利无比的作用。

扇面可装饰各种书画，扇骨可进行更复杂的雕刻，尽显折扇的丰富多彩与灵活多样。在消夏之余，可一览艺术的高妙。

有一种女士折扇，材料用象牙等名贵材料镂空雕刻而成，再施以香料，一股脂粉气息扑面而来。如果是女子的物件，至多有些矫揉造作；但一个大男人握在手上，就有些滑稽了。

儿子小时候做过一个轻巧有趣的折扇，至今记忆犹新。他将吃冰糕余下的木片留下来，在一端扎上孔，再在另一端画上一朵朵小花儿，然后用铁丝串起，一把折扇就做成了。虽然从工艺上看较为粗糙，但一个几岁的孩子能有如此奇思，也非常难得。

当然，若选用的是湘妃竹，再有艺术大师的雕工与书法，那就是一把名贵的扇子。湘妃竹折扇的上面，不只有斑斓的湘妃泪，更有一种历史的沧桑岁月，还有打造出来的精致典雅。它如一个仕女也像一位雅士，尽得文化的风度。

有人在折扇的扇面上绘出仕女、花草、鸟兽、虫鱼，有人则将山水高士、十八罗汉、诗词歌赋描绘其间，还有人画的是江山万里图，只要打开扇子就可尽情领略天地之宽、万物幽微。

与团扇比，折扇不论在内容还是形式上都有了质的飞跃。

如果说团扇直来直去，将所有的语言都写在"脸"上；折扇则颇有城府，更多时候将话藏在"心"里，藏在那些可随意开合的皱褶，也可以说是岁月的皱纹或记忆里。

团扇虽可绘制很多内容，但远没有折扇来得丰富、含蓄、内在、超然。折扇让人想到孙悟空的如意金箍棒，可随意变化，充满神奇和神秘感。

将一把折扇折叠起来，可置于手中随意把玩。或揉或搓、或捏或捋、或左或右、或上或下、或动或静、或敲或打、或旋或转、或抛或接，久而久之，竹子或木材做成的扇骨就会盎然有光，温润如玉。扇子也因性格内敛，包裹了心事，变得充实富足。

打开一把折扇，那是别有一番韵致。如有人徐徐拉开帷幕，也像打开一个宝藏，尽情欣赏其间的万里江山图，倾听山川鸟兽发出的秘语，从而显示咫尺天涯之妙。有人用一种特殊技巧，手、腕、指在与扇骨的巧妙配合下，抖然打开扇面，在一声脆响中摇动扇面，凉风徐来，沁人心脾，这是人们往往难以理解的天地的声音，也是文人雅士透出的一种风骨和潇洒。此时，扇子与人合二为一，心气相通，互相诉说着彼此之间的理解与知音之感，也奏响天人合一的美好乐意。某种程度上说，打开的折扇发出的是人的声音，也是人这棵树上开放的花朵；反过来，人也可被理解为扇子的扇柄与骨骼，是具有根本性的存在；当然，还可以将人理解为天地的花朵，当一把折扇被打开时，人的心中也一定心花怒放，其肢体语言也如扇面般打开，形成可让人心会的喜容。

其实，除了窗户与扇子有关，风箱、风扇、空调、肺腑、人心都包含了扇子的原理。它们关闭后是一个不为人知也难以理解的秘密，一旦打开就有一呼一吸也有内在的语言传出，向人与天地间诉说。还有一棵树、一条河也都让我们想到扇子，树干与河流是扇柄，枝繁叶茂和冲积平原是扇面。特别是面对天空和大海时，树木与河流以扇子的形式在诉说着，伴着云雨雾气和潮起潮落，生命的秘语不断传达出来，这需要静心去听和用心体悟。

炎炎夏日，扇子会给这个世界送来阵阵清凉，人在其中，如在梦里，如痴如醉。

当秋风凉了，再摇动扇子，已不是为了消暑，而是为秋叶伴奏，听树木这把扇子将黄叶般的语言音符摇落。

其实，往大处想，天地何尝不是一把更大的扇子？

春天用微风将一片片细雨摇醒，夏天用暴雨的扇面扇起雷电，秋天以长风为扇子让万物变得萧瑟，冬天将巨大的扇子合上之后开始了一个寒冬的珍藏。

晨曦将万丈金光洒满东方，那是一天的扇子打开。

夜幕降临，天地的折扇关合。

与此同时，梦的扇面打开。于是，一个个熟悉而又陌生的词，有意无意、有声无声从心底跃然而出。

精彩
—**赏**析——

　　本文以扇子为主题，向我们介绍了作者家乡中团扇与折扇的不同故事。开篇从"扇"字的由来入手，逐步切入主题，后面通过对团扇的形状、团扇的用途、团扇在历史典故中的出现等一系列描写，向我们展示出团扇的精致优雅。后面又使用了大量的典故，写出了折扇的内涵丰富，又不失内敛之气。两扇对比各有风韵，向我们传达着不同的文化内涵。同时作者运用了大量的比喻修辞，将宫廷的团扇比作"秀雅的少女姿容"，将折扇比作"徐徐拉开帷幕，也像打开一个宝藏"，突出二者的不同特征，最后作者将扇子比作天地，扇动而风起，开扇是万丈金光的晨曦，关合是夜幕降临的夜晚，将我们带入一个颇具诗意的扇子世界。

淬火人生 /

> "淬火人生"如同"脱胎换骨"和"羽化登仙"。一个人一旦拥有了"淬火",就一定会心存大道、超凡脱俗、多彩多姿,获得真正的人生智慧。

人们常常将社会比成一个大熔炉,有价值的人生都要经过冶炼和锻造。不过,还有一个更重要的阶段不可忽略,那就是"淬火"。

"淬火"是指将冶炼得火红的钻子等,拿出来千锤百炼,然后再放在水中,令其尖端或锋芒受水,从而达到"淬化"之效。人生亦复如是,一个人虽经炼狱和挫折,但如果没有得到"淬火",也只能停留在较低的层次,难成大器之才。"淬火"之于人生,犹如"画龙点睛"和"点石成金",颇有事半功倍、妙笔生花之功。

才高气傲和目空一切者,往往多受尽人生磨砺,有的还会命运多舛,其主要原因恐怕与他们不能"身处下位而虚其心"有关。大海因其身处下位,方能接纳百川,人也是如此:只有虚怀若谷,取人之长而补己之短,才能逐渐变得博大、丰富和深邃。正所谓"满招损,谦受益","道冲,而用之或不盈。渊兮,似万物之宗"(老子《道德经》)。我们很难想象,一个人身处高位而目空一切,百

172

川能流向他那里！所以，人生要达到较高的境界，必须虚心向学，避免骄傲、狂妄、自大之弊。

敬畏之心也是淬火人生的一个重要方面。时下，人们往往我行我素，有的甚至丧失了原则和底线，更不要说还有人心中毫无畏惧了，其必然导致人生节节走低和失败的结局！其实，从某一方面说，人的潜力无可限量；但从根本上说，人对生活的世界，甚至一草一木都不能失去敬意！杀人放火、作恶多端和多行不义者必自毙，就是一些小事也常常决定一个人命运的轨迹。比如，一个年轻人在车上不给老人、孕妇和儿童让座，这个老人很可能就是你未来的岳父岳母或公公婆婆、上司或同学朋友的父母，而孕妇和儿童又难保不是你朋友的姐妹兄弟。又如，你不加小心很可能被书页划破手指，一根草也会令你大跌跟斗，这都是因为不了解柔弱者力量之故！因之，一个经过"淬火"的人，他对于世界上的人、事、物，一定是心怀敬畏之心的，犹如一平如镜的池水闪着平和温暖的光芒。

平常心是人生的一种化境，它对于人生的喜怒哀乐、成败得失、富贵贫贱和阴晴圆缺都看开了，一如理解了日月星辰和春夏秋冬的转换一样。在现实生活中，不少人都难以冲破"富贵心"这张大网，不要说权贵、明星和富人，即使是一些作家、学者也在所难免！当年，林语堂博士最佩服《浮生六记》里的陈芸，说她有一颗"布衣饭菜，可乐终生"的平常心，所以令人崇尚。林语堂还说，他崇拜陈芸，不是对于"伟大者"而是对于"卑微者"。一个人有了一颗平常心，就不会失去自我、自尊、自爱，更不会走向世俗、狂热、贪婪与无耻的境地。

快乐之心在现代社会是最难得的，因此也是弥足珍贵的。当子贡问："贫而无谄，富而无骄，何如？"孔子则回答："可也。未若贫而乐，富而好礼者也。"一个"未若贫而乐"，直道出了"乐"

的重要性！我们在都市里常看到这样的情景：在汹涌的人车之流中，一个农民工悠然地骑着一辆三轮车，后面坐着他的妻子，妻子怀里抱着孩子，一家人满脸喜悦，其乐融融！而更多的市民包括知识分子则形影匆匆、满面愁容！另据调查说，偏远农村农民的幸福指数，远高于大城市的市民。何以故，与对人生真义的理解直接有关，当人们不是将"快乐"和"幸福"，而是将"权""钱""名"等看成目的，实际上他们已失去了人生的航向。常言道："人活一世，草木一秋。"所以，中国先哲早有"人生若梦"的说法。有价值的人生当然需要奋斗和拼搏，但不能只限于此，而是应该知道进与退、上与下、得与失、盈与亏等的辩证性，尤其不能忽略人生快乐与幸福的本质。只有当一个人真正理解了快乐之于人生的本体性意义，才能有自由、丰实、幸福可言，才能超越世俗的云烟。

当然，这里所说的"快乐"并不只是物质的，也包括精神的，更是一种超越"今朝有酒今朝醉"的放浪生活，从而达到有节制和内敛的精神境界，这是"淬火人生"的另一个维度。在名利心、富贵心和虚荣心的驱使下，不少人极容易陷入自我彰显、自我暴露、自我膨胀的泥淖，于是自我炒作、摇头摆尾、搔首弄姿、争献小技歌且吹。殊不知，人生一面需要"显露"，但更不能没有"隐藏"，所谓"韬光养晦"、"厚积薄发"和"十年磨一剑，霜刃未曾试"即是此理！从某种意义上说，一个人只有理解了"敛藏人生"的深意，才能"守"住天地大道，才能"保"住人生幸福的根本。清代李密庵有一首《半字歌》，最好地诠释了这种"半显半隐"和"半露半藏"的生活哲学。他说：

看破浮生过半，半之受用无边。半中岁月尽幽闲，半里乾坤宽展。半郭半乡村舍，半山半水田园。半耕半读半经塵，半士半姻民眷。半雅半粗器具，半华半实庭轩。衾裳半素半轻鲜，肴馔半丰半俭。童仆半能半拙，妻儿半朴半贤。心情半佛半神仙，姓字半藏半显。一半还之天地，让将一半人间。半思后代与桑田，半想阎罗怎见。饮酒半酣正好，花开半时偏妍。半帆张扇免翻颠，马放半缰稳便。半少却饶滋味，半多反厌纠缠。百年苦乐半相参，会占便宜只半。

一个"半"字，即是"淬火人生"的花朵在闪耀。

宁静与超然是"淬火人生"的定海神针。随着现代文化"变革""创新""革命"等口号一浪高过一浪，人们获得了一种"动"的力与美，但是，其负面作用也越来越明显。换言之，在"死水微澜"的社会文化中，确实需要一种突破性甚至革命性的力量，但完全不顾"常态"与"静一"的做法也是相当危险的。时至今日，"动文化"和"快文化"已成为中国乃至于人类的一个具有神话意义的向度，而"静"与"慢"则处于被忽略、批判和否定的状态，于是人心浮动、急功近利、患得患失、如坐针毡等成为现代的流行病。有人曾这样说：当一人受了不白之冤被投进监狱，而且没有止期；然而他却没有焦虑与苦恼，仍能宁定超然地度日，这样的人没有任何困难能将他打倒！因为他心中有"大宁静"与"大超然"，是超越了世俗云烟甚至超越了生命表象的一种人生智慧。就如大海中的孤岛，也像狂风中粗壮的树干，尽管波浪汹涌、飞沙走石、枝叶摇荡，可它们却岿然不动，宁静守一。

博爱之心是"淬火人生"的一个法宝。当一个人仅从一己考虑，尤其只从功利的角度考虑，也会获得一种巨大的力量；不过，这种力量总是有限的，也很难更加深远地传达出去，为更多人所接受！真正伟大、永恒、高远、深切的人生境界是将自己与社会、人生、天地紧密相连，即有一颗博爱之心！换言之，大快乐与大幸福往往是人类社会与天地自然在自己身上的投影，也是自己用心光去照亮世界人生的暗影！任何自私自利或个人一己式的爱都是受到遮蔽的，一如蝙蝠永难飞出夜的黑暗。这也是为什么不少人在毫无报酬的情况下甘做志愿者，有很多收藏家将一生省吃俭用得来的藏品无私捐给国家，不给子孙留任何财产。这都是博爱之心的体现！当一个人能超越一己之私，就会获得难以想象的力量，人生也就进入了一种化境。

"淬火人生"如同"脱胎换骨"和"羽化登仙"，它能使人产生化学反应，发生质变，灵动和飞翔起来，达到高妙的境界。有了"淬火"，一个人一定会心存大道、超凡脱俗、多彩多姿，获得真正的人生智慧。

精彩
— 赏析 —

全文围绕人生需要"淬火"的观点展开，文章开头列举了多种反面案例，写出了才高气傲和目空一切的危害，与后文"淬火人生"的好处形成了对比。作者还通过五个层面——敬畏之心、平常心、快乐之心、博爱之心、宁静与超然，阐述了"淬火人生"对于我们修身达己方面的意义。本文通过引用《道德经》《浮生六记》等经典作品的内容，强化论证自己的观点，又通过举例子的写作手法，列举出一些常见的社会现象。通过比喻修辞"任何自私自利或个人一己式的爱都是受到遮蔽的，一如蝙蝠永难飞出夜的黑暗"，将自私自利的爱，比作难以飞出黑夜的蝙蝠，反面衬托出"淬火人生"对于我们的重要性。文章结尾处作者再次重申观点，总结全文。

预测演练五

1.阅读《清洁工小王》，回答下列问题。（10分）

（1）结合上下文，从描写的角度分析第三、第四段的作用。（2分）

_____

_____

（2）从修辞手法的角度，分析"许多地方的垃圾桶就像垃圾一样纷乱脏臭……而我院的则较为井然有序"。（4分）

_____

_____

（3）纵观全文，分析清洁工小王的人物形象。（4分）

_____

_____

2.阅读《扇子的语言》，回答下列问题。（10分）

（1）本文主要讲了哪几种扇子，各有什么特点？（2分）

_____

_____

（2）文中讲述宫廷的团扇时，采用哪种修辞手法，有何作用？（4分）

_____

_____

_____

（3）试分析"与团扇比，折扇不论在内容还是形式上都有了质的飞跃"一句有何作用？（4分）

_____

_____

_____

_____

3. 写作训练。（60分）

　　心灵、精神与灵魂的超越性意向的光，是一束美妙甚至充满梦幻色彩的希望之光。

请围绕"光"为主题，写一篇文章。题目自拟，文体不限。字数：600~1000字。

后 记

　　散文集《阳光心房》就要付梓面世了，心情有些激动。

　　因为这个书名本身就让我感到无限温暖，不要说在春天、夏日和秋阳中，就是在如今凛冽的严冬也是如此。

　　在这个世界上，最美好、无私、纯洁和快乐的可能是阳光。特别是冬日的阳光，它像一个富有者将自己的珍存无所保留地送给世间，就像用天地之手向人间播撒幸福的种子一样。

　　心灵是人的所有富丽之源，它是万能之所，还是心灯自在处。一个人只要心肠好，就会接受万物，让整个世界充满喜容，就如同阳光普照给人的感受一样。

　　我希望这本小书能成为一个"阳光心房"，让更多少年儿童感受其明丽、快乐、雅趣、美妙。就如同被贴在纸窗户上的一首小诗，哪怕在夜色中，也会被心灯照亮，成为一个温润的风景。

　　感谢北京书香文雅图书文化有限公司，感谢主导张国龙教授，也感谢张静芳老师，愿本书留下我们的友情，也祝愿所有读者都能得到幸福快乐！

2021 年 11 月 12 日

王兆胜于北京

参考答案

★ 试卷作家真题回顾 ★

【诗化人生】

1.正确对待人生的"缺憾";有一颗快乐的心(笑口常开,充满欢歌);对世界有一种审美的态度。(4分)

2.(1)人生总是不如意事多,苦难多;(2)"诗心"可以对抗挫折;(3)"诗心"可以体悟大自然的规律和心情,进入一种新境界;(4)"诗心"可以感受大自然的生命力,感到自己生命的强大,使生命灿烂。(4分)

3.(1)对。从人生的根本悲剧性和先验"缺失"这个角度来说,佛家的观点有几分道理。当然作者并不完全同意佛家的说法,"有几分道理"用词很有分寸,说得比较严谨。(3分)

(2)本题答案是开放的。只要符合文意、题意,言之成理即可。角度示例:春种秋收,春华秋实,秋收冬藏,四时代序,"冬天来了,春天还会远吗"等。(3分)

4.AD(4分)

【高山积雪】

1.①被遗弃在高山之巅时,积雪孤独寂寞,焦虑地等待着春天的到来;②春天到来时,积雪化为溪水开始奔跑,感受到了竞争的紧张残酷；③被巨石撞得"粉身碎骨"时，积雪感受到生命的激情和痛感，也明白了生命的旅行就是要经历各种人间之苦的磨炼；④看到人世间的善与恶时，积雪想起自己的故乡，对旅行有向往情怀、无奈之感，对故乡有眷恋之情；⑤投身大海时，积雪体会到死亡就是另一种新生；⑥被大海吞没时，积雪心中有了被阳光蒸发而为云气再变为白雪的闪念。（6分）

2. 文章用第三人称写积雪，用拟人手法将其人格化，侧重细腻的心理描写，既展现了积雪之水的流淌过程，又体现了作者对人生的谛视和感悟。（4分）

3. 激动：积雪觉得自己会像流水一样为人类谋福利，觉得这是自我价值的实现，所以为此激动；或可理解为：积雪看到其他流水为人类谋得福利，觉得这是一种生命价值的实现，所以为此激动。悲伤：积雪觉得自己会像旁边的流水一样被人取走，那样自己就无法完成生命的旅程，所以为此感到悲伤。或可理解为：身边的流水被人取走，积雪觉得它们无法完成生命的旅程，所以为它们感到悲伤。（4分）

4. 从内容上看，最后两段揭示出人生哲理：积雪之水汇入大海后，完成了生命的旅程，生命也结束了，但海水又可以变为云气，化为白雪，孕育新的梦想；人生也是如此，无论生活还是事业，每一个阶段的完成看似终点，其实也是新阶段的起点。从结构上看，首尾呼应，积雪心中的闪念照应开头积雪在高山上的生活；升华文章的中心：人生的终点也就是新的起点。（6分）

★试卷作家美文赏练★

【预测演练一】

1.（1）虽然现在的科技发展可以让作者随时吃到草莓，但现今的草莓不论色彩，还是甜度，抑或是口感，都已大不如前，所以作者才会失望。（2分）

（2）表面上，此句表达了作者在第一次见到草莓后便被草莓的外形惊艳到，对草莓垂涎欲滴的喜爱之情。深层上，作者托物言志，借用草莓这一事物，让读者看到了底层生活的光明，感受残存于人心中的温暖。（4分）

（3）首先，作者第一次见到草莓，便喜欢上了这个新奇的东西；其次，作者因买不起草莓，便从山上挖草莓苗自己栽种，并细心呵护；最后，童年的草莓就如一个大大的太阳悬挂在我心灵的天空，使我的内心充实、安宁与满足。（4分）

2.（1）先是描述了全村槐花绽放的壮观场景，紧接着写村民肆意采摘槐花，一片狼藉的场景。作者运用对比的修辞手法，深刻地突出了槐花被破坏前的美好景象和作者对村民行为的不满，表达了作者对槐花的极度喜爱之情。（4分）

（2）文章开头由"母亲和姐姐的笑"联想到"槐花"，结尾由"槐花"牵引出"母亲和姐姐"，一方面首尾呼应，使文章结构完整、有层次；另一方面说明槐花对作者的重要性以及作者对槐花的喜爱，更深一层是作者对母亲和姐姐的思念。（4分）

（3）文章最后一段有总结全文、升华主题的作用。（2分）

3.略

【预测演练二】

1.（1）给全家人做三餐、上工、缝补衣服、织花边。（2分）

（2）①动作：拉、抓、倒、包、系、盖、跑，一系列动作一气呵成，呈现了一幅每天早晨母亲忙乱地赶去上工的画面；②比喻：将母亲比作风和陀螺，生动形象地塑造了一位每天忙忙碌碌，不辞辛劳的伟大母亲形象；③夸张：看不见母亲真实的面孔，更加突出了母亲的忙碌，说明母亲忙得片刻都没有休息过。（4分）

（3）此句运用了夸张和比喻的修辞。有关母亲的细节就像用刀刻在作者的心里，说明有关母亲的细节在作者的记忆中极其深刻。此处用夸张的修辞更加彰显了程度之深，增强了表达效果。将有关母亲的细节比作没有文字的纪念碑，说明有关母亲的细节不是用文字能表述的，都在作者心里，生动形象地写出了作者对母亲的怀念和感恩之情。（4分）

2.（1）"心灯"表面指照亮作者内心的灯，实际指作者心灵成长和人生路上的指引者。（2分）

（2）①"两辆列车相向而行。"两辆列车相向而行，相遇只有那一刻，然后便是各行其道，既可指人与人之间的关系，亦可指机会。②"火线接开关，地线接灯头，接通开关和灯头。"人生路上，我们会遇到各种困难与挫折，这时需要我们冷静思考，捋清楚头绪，有针对性地解决问题。（4分）

（3）刘老师讲课时的话令作者记忆深刻，对其成长影响深远；高考失利后，刘老师特意将作者收在门下；再失利后，刘老师并未责怪，满是关爱，建议弃理从文；多少年过去了，刘老师仍关注、关心着作者，激励着作者。可以说，刘老师总会在作者举步维艰时，

默默给以援手，施以深沉的爱，所以说刘老师点亮过作者的心灯。（4分）

3. 略

【预测演练三】

1.（1）①外壳坚硬，很难剥开；②内部结构复杂，有多个房间，像蜂巢又像地道；③核桃仁的油性很大。（2分）

（2）表面含义：核桃壳厚，核桃内部复杂，核桃仁脆。在不了解其结构的情况下取用，很容易会把整个核桃搞碎。深层含义：遇到棘手的事情时，我们要仔细思考，多方面考量，在充分了解之后，方可展开行动，这样便会事半功倍。（4分）

（3）最后三段既是全文的点睛之处，也是对前文的总结。作者由物及人，又由人及物，借核桃被解救后焕发生命的辉煌壮丽，以告诫世人遇到挫折后需顽强抗争、坚持不懈；又借核桃警示世人要有悲悯之心，花草树木皆有生命之光彩。（6分）

2.（1）一方面，作者讲述了以"书"为生、一生离不开书的自己，是一个确确实实的"书虫"；另一方面，作者讲述了翻书时偶遇在书中畅游的小虫，是一个真的书虫。（2分）

（2）运用了比喻的修辞手法，将作者比作蚕蛹，将书室比作茧壳，生动形象地说明了作者与书、书室的关系，表达了作者对书、书中知识和智慧的渴望和痴迷。（4分）

（3）作者对书虫提出的一系列疑问，既表达了作者第一次见到书虫时，对它产生了浓厚的兴趣与好奇心，又表达了作者对书虫的极度喜爱之情。同时，疑问句的形式更容易激发读者的阅读兴趣

和思考，对文章也有着承上启下作用。（4分）

3.略

【预测演练四】

1.（1）人类没有进化时，以树木为家，以树上的籽实果腹；现今，家具、木器，美好的环境，宁静之感都是树木带给人类的。（2分）

（2）①运用比喻的修辞手法，将人类比作失去牵线的风筝，生动形象地写出了人类心思不定、意志不坚、三心二意的缺点。②运用对比的手法，将人类与树木进行比较，强调了树木不断向上探寻，向下扎根，矢志不移、心无旁骛的德性。（4分）

（3）另一种奇怪的现象，是指一棵树上的众多树枝能和平、和谐而又自在地生长。作者引用曹丕和曹植的典故，讲述了即使是一母同生的兄弟也会互相残杀、争斗。对比人类，树木却能超脱世俗，树枝之间和平生长，使整个树木在阳光明媚中滋荣。这也是告诫人类只有团结互助，共同抵御人生风霜雪雨，才能造就美好人生。（6分）

2.（1）全文一共讲了八块石头，分别是顽石、文字石、金鱼石、螺纹石、双鹅石、修行石、不倒翁石、脸谱石。（2分）

（2）第三段主要运用了用典的写作手法，引用宋代米芾喜好并炫耀石头的故事和《红楼梦》的话语，以及名字中含有"石"字的名家，说明了古往今来自有不少人喜爱石头，并为之着迷，表达了作者对石头的钟爱之情。（4分）

（3）本文讲述的每一块石头都有各自的特点，每一块石头都有着不同的寓意。虽然"石不能言"，但在懂得欣赏它们之人的眼中，

这便是石头说的话，也就是它们的心语。（4分）

3.略

【预测演练五】

1.（1）这两段为环境描写，作者描写优美、干净、整洁的小院环境，为下文写清洁工小王工作认真、敬业作铺垫。（2分）

（2）运用对比的修辞手法，将自己小院优美、整洁的环境与其他许多小区脏、乱、差的环境进行对比，表现了清洁工小王对工作认真、负责的敬业精神。（4分）

（3）工作认真、细心；生活勤俭、充实、有条理；心灵洁净、美好；面善、心地纯良。（4分）

2.（1）团扇：用蒲草或丝绸做成的圆形或方形等的扇子；有一柄；圆或半圆取圆满之意。折扇：由扇面、扇骨、扇钉组成；可折叠，可随意开合。（2分）

（2）运用比喻的修辞手法，将宫廷团扇比作少女姿容，生动形象地表现出了团扇秀雅、精美的特点。（4分）

（3）此句为过渡句，有着承上启下的作用。同时，此句运用对比的修辞手法，直接点明折扇在内容和形式上都比团扇更加丰富多彩、充满神奇和神秘感。（4分）

3.略

— 试卷上的作家 —

初中生美文读本

序　号	作　者	作　品
1	安　宁	一只蚂蚁爬过春天
2	安武林	安徒生的孤独
3	曹　旭	有温度的生活
4	林　夕	从身边最近的地方寻找快乐
5	简　默	指尖花田
6	乔　叶	鲜花课
7	吴　然	白水台看云
8	叶倾城	用三十年等我自己长大
9	张国龙	一里路需要走多久
10	张丽钧	心壤之上，万亩花开

高中生美文读本

序　号	作　者	作　品
1	韩小蕙	目标始终如一
2	林　彦	星星还在北方
3	刘庆邦	端　灯
4	刘心武	起点之美
5	梅　洁	楼兰的忧郁
6	裘山山	相亲相爱的水
7	王兆胜	阳光心房
8	辛　茜	鸟儿细语
9	杨海蒂	杂花生树
10	尹传红	由雪引发的科学实验
11	朱　鸿	高考作文的命题与散文写作

全真模拟考场

高频必刷真题，演练出高分

应试技能直升
阅读专题精讲，考试有高招

"码"上进入

阅读提分
充电站

学 业 提 升 有 计 划

扫码进入

作文精修助手
在线纠错润色，练就范文水平

命题热点课代表
趋势快讯一手掌握，轻松迎战